コミュニケーション力を鍛える！

伝えるための3つの習慣

いなます みかこ
HRインスティテュート

かんき出版

はじめに――相手にきちんと伝わるために大切な、あなたの3つの習慣

本書を手にしてくださってありがとうございます。

日頃のコミュニケーションで、「なんで、伝わらないのだろう?」と思うことのあるあなたへ……。

その答えは、本書のタイトルに隠されています。もう一度タイトルを見てください。

『伝えるための3つの習慣』――そうです。〝伝えるため〟とあります。


さて、コミュニケーションの目的は何でしょうか。「伝える」ことでしょうか?

もしも「伝える」ことに意識がいっているとしたら、ここから変えていきませんか?


なぜなら、コミュニケーションの本当の目的は、

「あなたが伝える」ことではなくて、

「相手に伝わる」ことにあるからです。

この違いに気がついて、意識を「相手に伝わる」に集中すると、これまでとは明らかに違うコミュニケーションのとり方ができるようになります。

コンサルタントの仕事をして20年。この間、7万人以上の人たちに対して、コミュニケーションスキル強化の支援をしてきました。

実感しているのは、**「コミュニケーションの進化はある一瞬に起こる」**ということ。それも、ちょっとしたコツをつかむ。それが始まりです。そしてそれを習慣にしていくことでスキルがしっかり身につき、見違えるような変化となるのです。

たとえていうなら、水泳の飛び込みや息継ぎと同じです。ある動作をするときに何を意識するのか。たったそれだけで、劇的に変わる。首の位置、肩の動かし方、腹筋への力の入れ方など、コツをつかむ、意識して習慣化する、スキルとして定着する。

ビジネスパーソンにとって、〝相手に伝わるコミュニケーションができるかどうか〟は、とても重要なことです。仕事の結果や評判に大きな違いが生まれてしまいます。今のまま、我流を続けていくのか。それとも、伝わりやすくなる習慣を身につけようとするのか。

今よりもっと相手に「伝わる」ためには、どんなことを意識したらいいのか。それには、「はなす」「きく」「みる」、この3つに集中してみましょう。当たり前にできてしまうことだからこそ、何を意識するかが大事。あえて**意識してよい習慣を身につけようとすることで、あなたの印象や結果は大きく変わります。**

この本では、「はなす」「きく」「みる」の3つを具体的に意識するために、6つのスキルに分けました。6つのスキルの中の小さなコツを知ることで、今までと何を変えたらいいのかが明確になってきます。

たとえば、「スキル2＝語り方」。その言葉は、あなたの言葉ですか？　あらためて「どういう意味？」と訊かれたら、自分の思いとともに、しっかりと相手の感情を動かすような具体的な表現で語りかけていますか？

「スキル5＝見方」。目の前の相手と向き合っている、いまこのときは、二度と来ない奇跡のときなのだという見方で、人と接したことがありますか？　それくらい、一期一会の気持ちで〝相手を大切に〟思ってみると、コミュニケーションは大きく変わります。

本当に小さなコツです。ぜひ小さな「できた！」を積み重ねていただきたいのです。
そして、一瞬起こった自分の変化を見逃さずに、「やればできる」と自信を持って、繰り返していくのです。

「相手にきちんと伝わる」ことがあなたに与えるメリットは、

＊イライラしなくなる
＊気持ちよく仕事を進めることができる
＊ムダなやりとりが減る
＊人から頼りにされる
＊〝なんだか頭よさそう♪〟と思ってもらえる

などがあります。そしてこのメリットは、周りの人たちへの好影響につながります。
みんなが「伝え上手」になっていきます。
コンサルティングや研修の仕事は、厳しいものです。常にアンケート評価をいただきます。「わからなかった」「満足していない」なんていう結果では、お客さまが投資したせっかくの貴重な時間とお金に申し訳ない。

その責任を痛感し、なんとかしなくてはと、私自身、トライ&エラーを繰り返しています。この本は、そんな日々の実体験をもとに、誕生しました。

HRインスティテュートの仲間たちからの愛ある厳しいフィードバック、大切なお客さま・パートナーさまからの真剣なコミュニケーション、たくさんの学びを得ています。いつも、ありがとうございます。

そして、本の出版を後押ししてくれた弊社代表の野口吉昭氏に心より感謝の気持ちをお伝えします。

伝わるコミュニケーションによって、あなたの周りが、昨日より〝たのしく〟〝あたたかく〟〝ゆたか〟になることを祈って……。

2011年春

いなます　みかこ

はじめに

プロローグ

伝わるための3つの習慣、6つのスキル

Contents

Contents

第2章

伝わるための「きく」習慣

スキル③ 相手を知るための訊き方

相手にもっと近づく

Contents

第3章 伝わるための「みる」習慣

スキル⑤ 相手を尊重している見方

相手へのマイナス意識を取り除く

Contents

本文デザイン・ＤＴＰ／ムーブ

プロローグ

伝わるための
3つの習慣、
6つのスキル

「はなす」「きく」「みる」——。
コミュニケーションにおける
日頃の当たり前な行動。
だからこそ、日常のやりとりで、
よりよい習慣を身につけようとする
姿勢が大切です。

1 「伝わらない」を分解すると原因が見えてくる

自分と相手、メッセージに分けると……

一生懸命話をしているのに、さっぱり理解してもらえない。

自分の言ったことがまったく誤解されて伝わっていた。

本当に、がっくりきます。

なぜ、伝わらないの？

こんなとき、なんとなく考えをめぐらせていても時間のムダ。「なぜなのか？＝伝わらない理由」という曖昧なモノを分解してみましょう。

分けて考えるのはコンサルタントの常套手段。たいていの原因はあぶり出されます。

それから対策を考えます。

さて、伝わらない状況を分解してみると、何が存在しているか？……。

①自分（話し手）
②相手（聴き手）
③メッセージ（目的・内容）

この3つ。①②③のうち、どれが欠けても伝わりません。たとえ自分と相手がいても、「伝えたいこと＝③メッセージ」が明確でないと伝わりませんよね。

ここでは「メッセージはある」という前提で考えましょう。


なぜ、相手に伝わらないのか？　それは相手が他人だから。相手と自分は違うから。

あまりにも当たり前で「そんなこと？」と思ったかもしれません。でも……案外と見落としがちです。

たとえば、「24時間働けますか？」のバブル時代を経験している部・課長は、ついついチームリーダー・クラスにも、同じように時間を気にしないで働いてくれると、どこかで期待しているかもしれません。

金曜日の朝に、「ちょっと急ぎで申し訳ない。月曜の朝までに頼むよ。まだ3日あるから大丈夫だろう」と指示を出したとします。でも言われたほうは、「それって、土日が入ってますけど」と切り返す。

彼らは自分と同じではないのです。部長の「お客さまがお望みなら、月曜の朝に間に合わせるのが当たり前」といった思いは伝わりません。

この場合は、「今日の今日で申し訳ないが、1時間どこかで時間とれないか？ A社から至急の修正依頼が入った」といった具体的で相手を尊重した伝え方をしないと、部下は主体的に動かないのです。

もちろん、若手から見た上司や先輩も同様です。**上司や先輩と若手とは、経験も意識も知識も情報量も違う。当然、仕事観も価値観も違います。**

相手があなたと共通項の多い似たもの同士なら、伝わるチャンスは増えます。幼なじみ、部活の仲間、同じ年代、同郷の誼《よし》み、同じ職業。

反対に、相手が自分とまったく違うタイプの場合、**互いのもっているいろいろな相違点が、「自分と相手の間に横たわるギャップ」となって、伝わる邪魔をするのです。**

２人のちがい

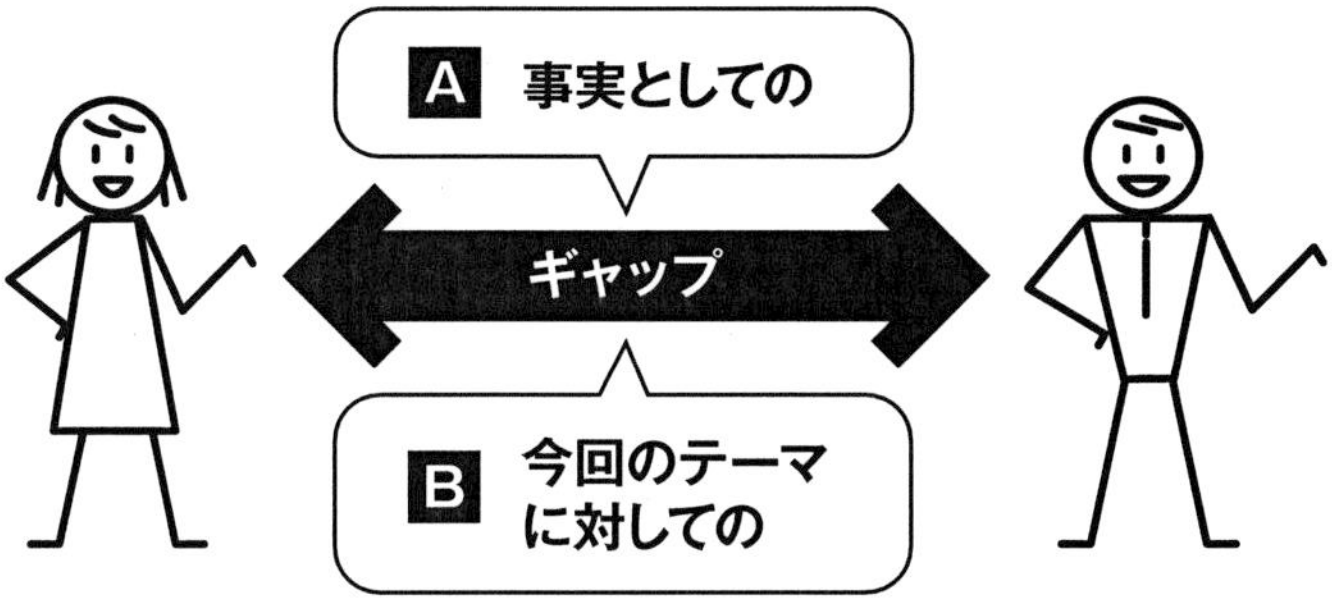
A 事実としての
ギャップ
B 今回のテーマに対しての

A どうしようもならない違い

性別、年齢、経験、学歴、国籍……

ここにとらわれないことが大切

B なんとかなる違い

意見、価値観、思考、マインド、好み、興味

理解力、情報量、スキル、知識、知恵

「伝え方」で違いは乗りこえられる！

少し横道にそれますが、日本の会社は以前にもまして、伝える技術が必要になってきています。

日本の大企業の多くは、これまで同質性の高い組織でした。〝健康〟で〝優秀〟な〝正社員〟の〝日本人〟〝男性〟が多数派だったのです。なので、お互い言葉足らずでも、だいたいわかるだろうという甘えが許され、実際に機能していました。

しかしいまや、新興国での事業展開など、多種多様な人たちとの関わり合いが増えてきています。女性、外国人、チャレンジドピープル、契約社員、社外パートナー……。共通点の少ない人とのコミュニケーションが必要となってきています。

これまでの「言わなくてもわかる」「おれの背中を見ろ」といった、以心伝心の呼吸スタイルは、もはや一部の人にしか通用しなくなったのです。

まとめ

そもそも自分と相手の間にはギャップ（違い）がある、そのことを大前提に話さないと伝わらないのだ

強いチーム・組織には「伝わる」文化がある

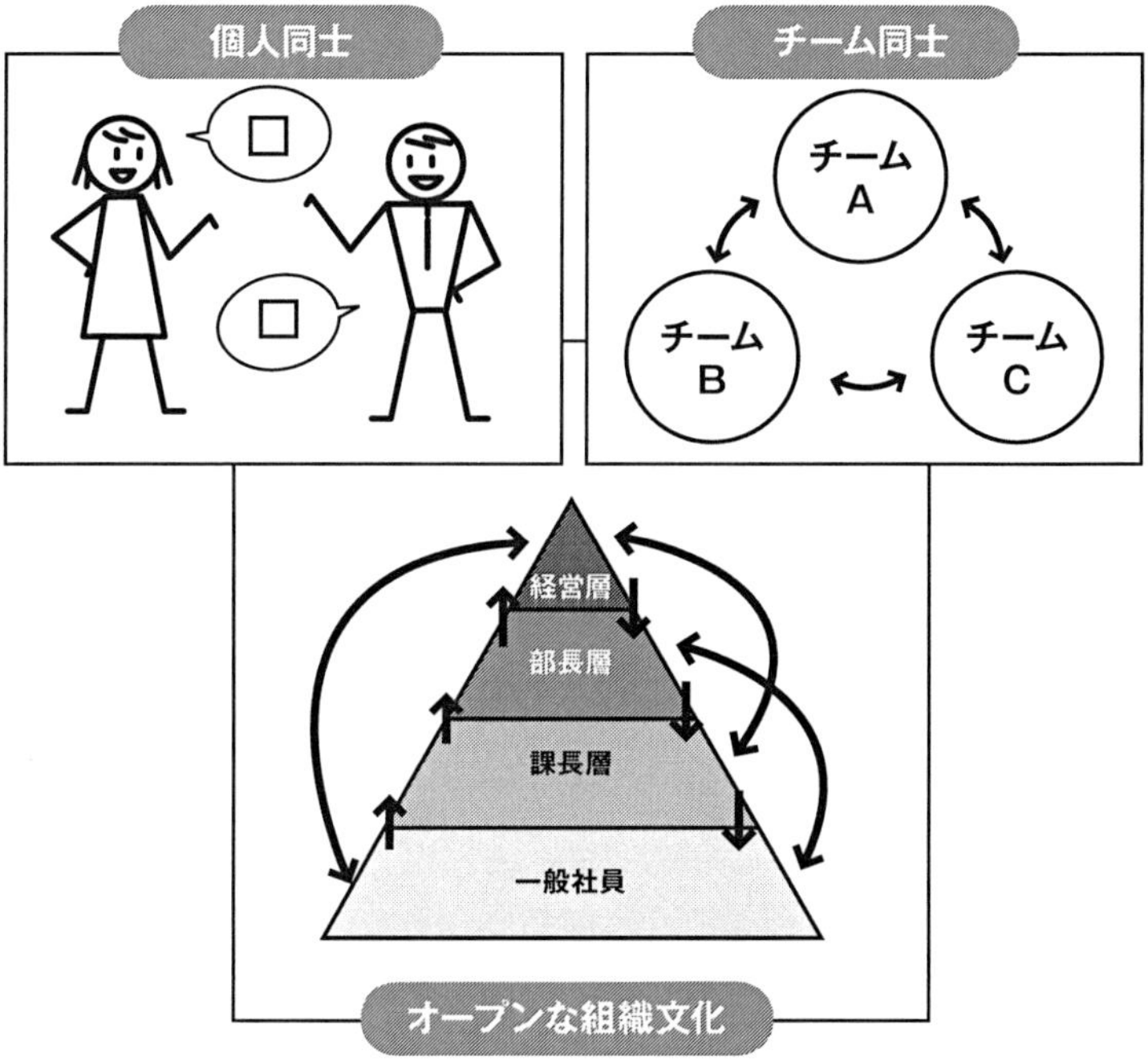
個人同士
チーム同士
チーム A
チーム B
チーム C
経営層
部長層
課長層
一般社員
オープンな組織文化

「伝わる」文化のあるチームには、独特の伝え方がある！

「はなす」とき
「きく」とき
「みる」とき

人と人とのやりとりの中にその
チームらしい習慣がある

なにが「伝わる」ために必要なのか見ていきましょう！

2 相手とあなたの間にある2つのギャップ

理解できない「あたまのギャップ」

では、ギャップはどこに生まれるのか？　周りにいる、何を言っているかわからなくて、ついイライラしてしまう人の話を思い出してみてください。

使っている言葉が抽象的、もしくは難解でわからない。

話があっちこっちへ飛んで、何を言いたいのかわからない。

そもそも何を言いたいのか、結論が見えない。

つまり、あなたが相手の話を頭脳で理解しようとするうえで大きなギャップがあるのです。これをわたしは、①**「あたまのギャップ」**と呼んでいます。ギャップの中身は、互いのもっている**情報量・知識量・理解力・言語スキル**など。

たとえば次のような課内会議を想像してみてください。


リーダー「えー、お願いがあります。3カ月前のイベントについて報告をまとめなくてはならなくなりました。みなさんにご協力をお願いします。

えー報告レポートは、業務報告用フォルダーの中の営業イベントシート。記入サンプルもあります。あの……シートは定期開催用と不定期開催用の2つありますから、気をつけて。えーと、今回は不定期開催用です。

（ザワザワ）

あのー、来週の課会で確認しますので、えー忙しいと思いますが、よろしくお願いします」


これで伝わるでしょうか。おそらく、出席者の頭の中には、こんな質問が……。


「3カ月前のイベントってどれ？（⬇あのころ3回くらいやってるけど）」

「誰が対象？　おれも書くの？（⬇でも不定期開催イベント、関係ないし）」

「何フォルダー？　どれのことだ？（⬇イントラの話？）」

「シートって手書きでもいいのかな？（➡出張でシステム使えないし）」
「来週の課会、欠席だけど（➡免除でいいってこと？）」
「課会で確認ってどういうこと？（➡持参しろってこと？　それともその前に提出？）」
「締切いつ？　誰に出すの？（➡言わないってことは、〝絶対〟じゃないのかな）」

わからないことだらけ。情報量がまったく足りません。

それなら、質問で確認すればいいのでしょうが、面倒と思う人もいます。聴き手は、自分の都合のいいように解釈します。これでは「伝わった」ことにはなりません。

リーダー「でも、ちゃんと提出した人も数名いるんですよ。伝わっていますよ」

たしかに、その人たちはエライ。でも、理解力や仕事の状況は人によって違います。出張に行く営業担当もいます。

この情報で理解できない人、時間的に無理な人がいるのでは？　という相手の頭の中を想像する。

そうすれば、先ほど想定した質問への答えぐらいは、もともと説明に入れておいたほうがいいだろうということに気づくはずです。それ以上の個別対応は、質問を受けつける。そうでないと、互いに時間泥棒されていると感じる状態になり、負担感が増します。

まず、こうした①**「あたまのギャップ」とは何かを考えること。**

共感できない「こころのギャップ」

次に、言っている意味・内容は理解できたとしても、

メンバー「んー。頭ではわかるけど、なんか納得できないなー」

「やりたいことはわかったけど、なんでいまさらなの?」

どうしてでしょう? これは、②**「こころのギャップ」**です。たとえば、**問題意識・気持ち・価値観・仕事観・常識**など。この場合は、メンバーのこころがリーダーに共感できていない。気持ちにギャップがあるのです。

先ほどの課会でのお願いについて、メンバーの気持ちとして、

「そもそも、誰のための報告なんだろう?(⬇この忙しいのに……)」

「なんで、3カ月も経ってから依頼するんだよ(⬇前からわかってるだろう? 忘れてたんじ

ゃないのかな?)」

「〝まとめなくてはならなくなった〟?（⬇やらされ感あり、主体的に頼めよ）」

提出した人たちは、言葉足らずな説明でも、自分でフォルダーを探してシートを見つけて先回りして自主的に動けるタイプなのでしょう。それは本当にすばらしい!でも、みんながそうだと期待してはいけないのです。

リーダー「そんな子ども相手みたいな説明。自分だったら、かえってバカにしているんじゃないか、と思っちゃいますよ」

やれやれ……。そうなんです。あなたのように思う人もいるということも、またわかっていないといけないのです。

②「こころのギャップ」を埋めていけるかどうかは、相手の気持ちや感情をどこまで忖度《そんたく》できるか。その人の想像力と度量によります。

いつも限られた人たちと、同じようなテーマでの会話に慣れてしまっていると、そうではないタイプの人と会話したときに、「あれ!? うまく伝わっていないかも……」と、あせったりストレスを感じたこと、あなたにもあるのではないでしょうか。

リーダーの指示は果たしてメンバーに伝わるか？

３カ月も経ってから依頼するなよ

（リーダー）

「えー、お願いがあります。３カ月前のイベントについて報告をまとめなくてはならなくなりました。

やらされ感かよ

いったいどのイベント?

誰のための報告なんだよ忙しいのに

みなさんにご協力をお願いします。

みなさんって、おれも?

どのフォルダー?

手書きOK？

え一報告レポートは、業務報告用フォルダーの中の営業イベントシート。記入サンプルもあります。

あの……シートは定期開催用と不定期開催用の２つありますから、気をつけて。

えーと、今回は不定期開催用です。

（ザワザワ）

来週はいないから出さなくていいの?

あの一、来週の課会で確認しますので、え一忙しいと思いますが、よろしくお願いします」

締切りは?誰に出すの?

ここでもう一度整理しましょう。

「伝わる」の究極のゴールは、「メッセージ=目的」に対して、聴き手と話し手があたまでもこころでも「一致」している状態。そうなれば、何か動きが生まれます。目的のために、理解し、納得し、共感し、互いのあたまとこころのギャップを埋めながら、一致していく。会議の出席者が、報告書の必要性をわかって、気持ちよくあなたの依頼に応える状態。それが「伝わった！」というゴールです。

今は良い意味でも悪い意味でも、正解のない世界。

こんな時代には、あなたと相手の「こころのギャップ」に、これまで以上に気を配らないと「伝わらない」ことが増えてくる。論理的には正しくても伝わらないのです。ますますストレスがかかりそうな予感？　大丈夫！　対策を見ていきましょう。

まとめ

あたまでは理解できても、気持ちが動かないと伝わったことにならない

あたまとこころのギャップ

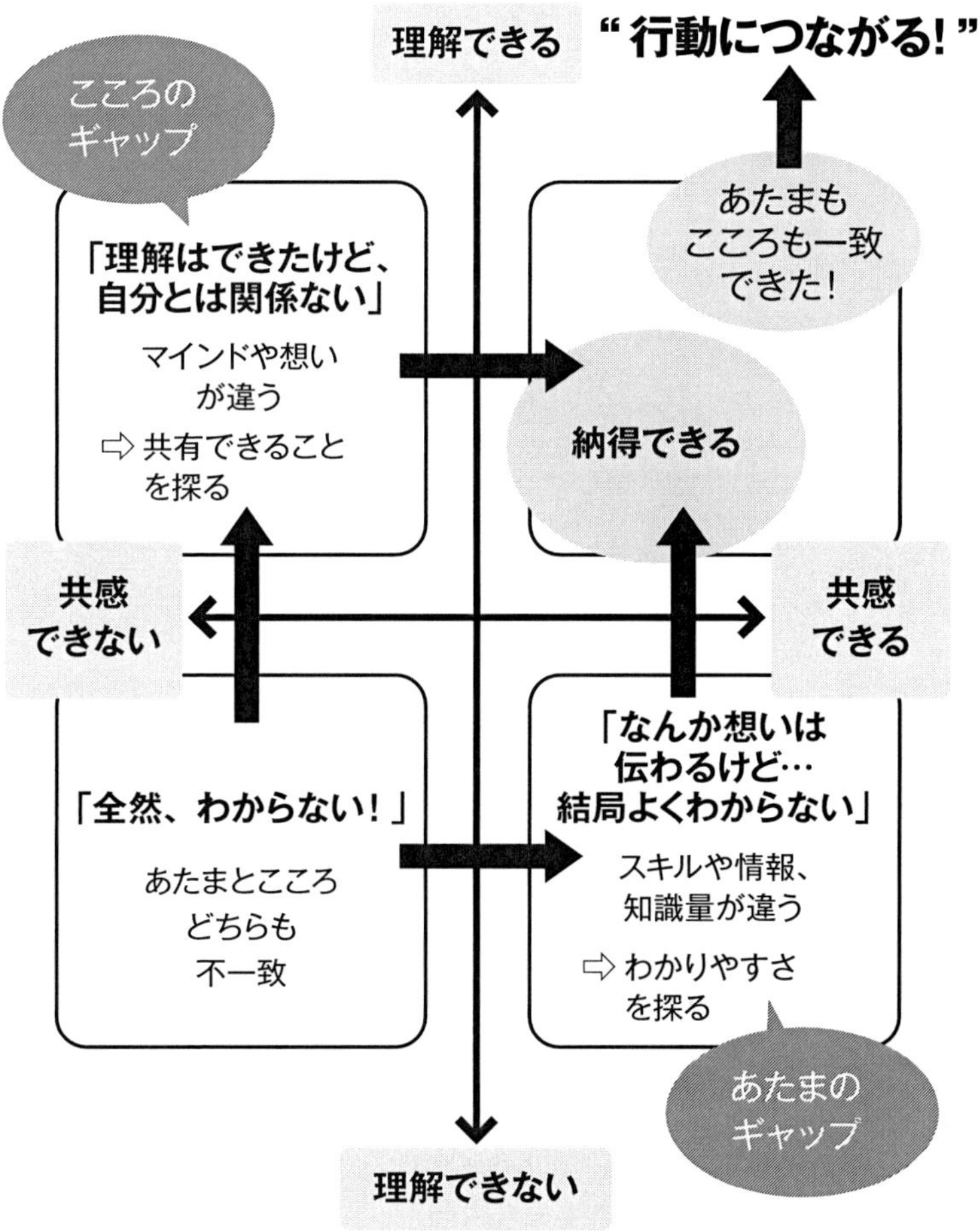
理解できる
“行動につながる!”
こころのギャップ
「理解はできたけど、自分とは関係ない」
マインドや想いが違う
⇨ 共有できることを探る
あたまもこころも一致できた!
納得できる
共感できない
共感できる
「全然、わからない!」
あたまとこころどちらも不一致
「なんか想いは伝わるけど…結局よくわからない」
スキルや情報、知識量が違う
⇨ わかりやすさを探る
あたまのギャップ
理解できない

3 はなす習慣、きく習慣、みる習慣

伝わらないのは「はなす」だけの問題ではない

研修で、「どうすればちゃんと伝わるようになると思いますか?」と質問すると、よく挙がるのは「大きな声ではっきり発声する」「相手の目を見る」「早口にならない」「自信をもって話す」などです。

これらはどれも必要です。声は小さいより大きいほうがいいし、話し手の目が泳いでいると聞き手は不安になります。落ち着いてゆっくり話すのも、自信なげに話さないというのも、会話においてはともに重要な要素。

ただし、そういう〝話し方〟を改めれば、話が伝わるようになるかといったら、必ずしもそうとはかぎりません。

たとえば、立て板に水のごとき鮮やかな口調で商品説明ができるのに、さっぱり売

れないというセールスマンは世の中にごまんといます。話し方には何ら問題はないのに、なぜか商品のよさや買ったらこんなにメリットがあるということを伝えることがうまくできない。つまり彼らの場合は、〝話し方〟が伝わらない理由ではないのです。伝わらないのは話し方だけの問題ではないのなら、ほかにどんな理由が考えられるのでしょうか。さあここでも、分解して考えてみます。

35ページの図を見てください。

パッション→あたまとこころのギャップをなくす→バリアをなくす→理解&共感→納得→一致「伝わった！」

まずは「伝えたい！」というパッションがあるかないか。「伝えたい」という意欲もないのに、なぜ伝わらないのかなんて論外。「こんな大切なことなんだから、伝えたい！」という気持ちになるくらい、伝える対象を大事に見つめてください。

伝えたい気持ちがあるという前提のもと、次に必要なのは発信する「はなす習慣」。「はなす」だけでキチンと伝わればＯＫです。でも、伝わらない場合がありますよね。

そんなとき、次に必要なのが相手の話を「きく習慣」。

一方的な発信だけでは、相手に伝わらない場合、**相手に発信を促し、相手からの発信を受け止める**必要があります。このように「きく」という双方向の対話を通して、メッセージが伝わればＯＫ。

でもまだ伝わらない場合があります。「はなす」「きく」といった対話を通しても、まだ伝わらない。

この場合に必要なのが「みる習慣」。

互いの思い込みや先入観が、「伝わる」邪魔をしていることがあります。こうなると、あたまとこころのギャップどころではなく、バリア（＝障壁）です。かなり重症です。この関係の場合、何を言っても訊いても伝わらない。さらに悪化するという可能性が大です。「みる」ことを通して、見方と見え方を変える必要があります。

話し方と語り方

では、まず「はなす習慣」から。

「はなす」ことを、２種類の「はなす」に分けて考えます。

「はなす、きく、みる」の3つの習慣、6つのスキル

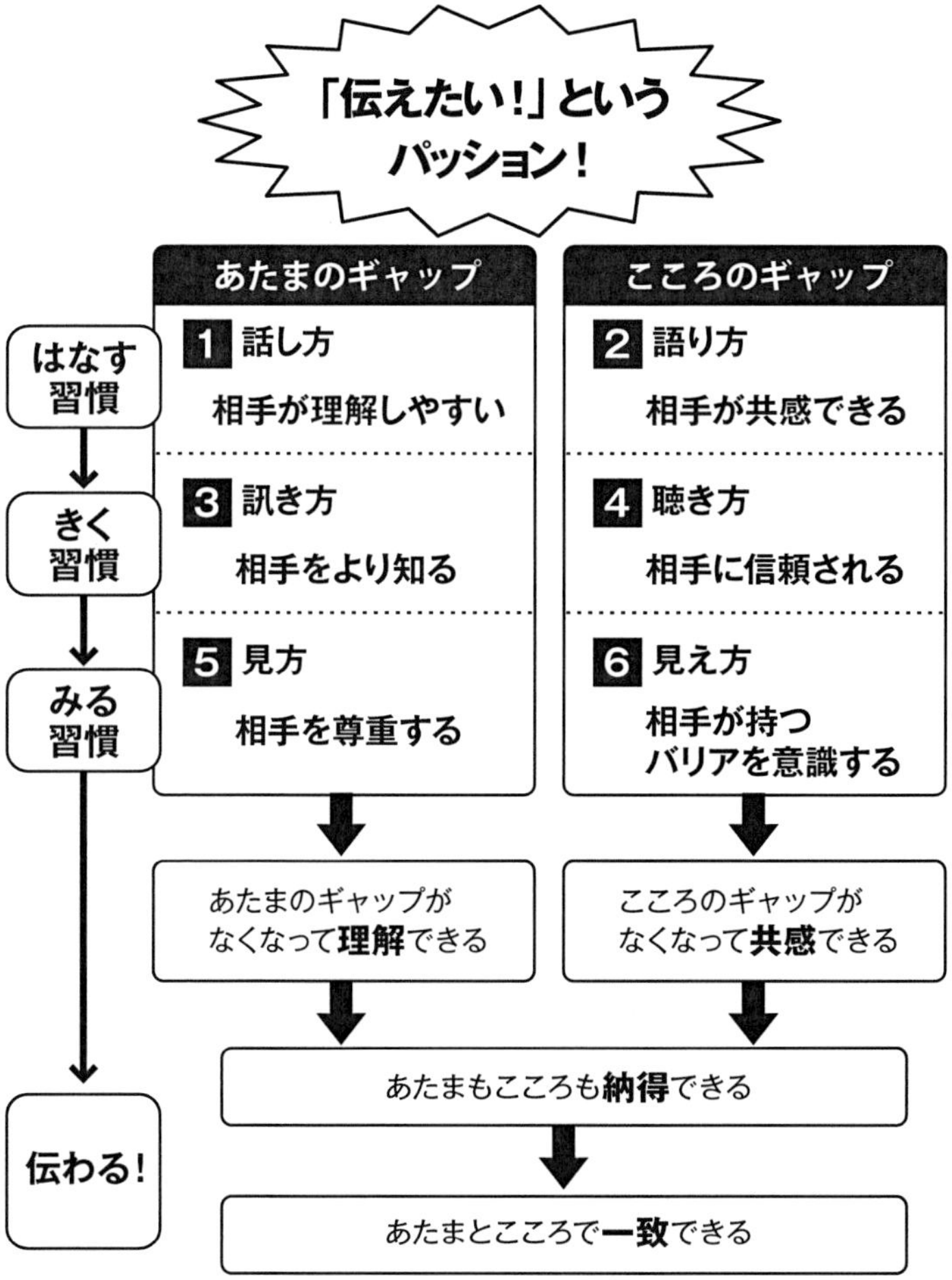

「伝えたい!」という
パッション!
あたまのギャップ
こころのギャップ
はなす習慣
1 話し方
相手が理解しやすい
2 語り方
相手が共感できる
きく習慣
3 訊き方
相手をより知る
4 聴き方
相手に信頼される
みる習慣
5 見方
相手を尊重する
6 見え方
相手が持つバリアを意識する
あたまのギャップがなくなって理解できる
こころのギャップがなくなって共感できる
あたまもこころも納得できる
あたまとこころで一致できる
伝わる!

ひとつは論理的な「話し方」。もうひとつは、物語的な「語り方」です。

ここでいう「話し方」とは、言いたいことを正しい文法や言葉遣いで相手が理解しやすいようにしゃべる。つまり、伝わるための必須要素です。

いくら日本語として間違っていなくても、思いついたことを次から次へと口に出していくだけでは、相手は理解できません。話に飛躍や論理矛盾がないのはもちろんのこと、総論・各論・結論など、話の構成が組み立てられている必要もあります。ひと言でいうなら、ロジカルな話し方ができているということです。

これは、「あたまのギャップ」を埋めてくれます。

一方で、ロジカルであることは決してオールマイティーではありません。**たとえ正しくても伝わらないこともある。**

たとえば、こんな経験はありませんか?

リーダーに企画書を提出したところ、「ここがダメ」「あそこが悪い」と欠点を逐一指摘され、挙句の果てに書き直しを命じられてしまった。リーダーの言っていることはいちいちもっともで、反論の余地もない。でも、未熟なりに一生懸命考えたこちらの努力をまるっきり無視して、頭ごなしに「こうしろ！」と言われると、どうも素直に従う気持ちになれず、ついふてくされた態度を取ってしまった。

言っていることはわかるけど、言われた通りにする気にならないというケースは、日常生活でもけっこうあります。言い方が気に食わないとか、熱意が伝わってこないとか、その相手が好きではないとか理由はいろいろ考えられますが、いずれにせよ**話し手の言葉に共感できなければ行動にはつながらない**、つまり伝わったとはいえないのです。「こころのギャップ」の問題です。

とくに理系の人は、事実を正確に説明すれば相手もわかってくれると思いがちですが、コミュニケーションというのはそんなに単純なものではありません。正論であればあるほど、アンチ派もいるものです。

そこで、伝わるための「はなす習慣」には、ロジカルのほかに、もうひとつの要素が必要になってくる。それがナラティブです。

ナラティブというのは、日本語の訳語を当てると、「物語」ということになります。

内容をストーリー仕立てにして聴き手の興味を引き、情感を揺さぶり、共感や共鳴を得る話し方のことです。

人間は正直に生きなければいけないということを子どもに教えるには、それをそのまま口にするより、「舌切り雀」の話を語ってあげたほうが、はるかに子どもの心に残りますよね。ナラティブというのは、この童話やおとぎ話のような話法だと思えばいいでしょう。

ビジネスでいえば、

「この掃除機の軽さは業界一です」

というのがロジカルなら、

「『最近の掃除機はみな重い。重いと部屋と部屋の間を移動させるのもたいへんです。私のような年寄りにも使いやすいものをつくってくれませんか』こんな内容のハガキが、本社のお客様相談室に届きました。いまから3年前のことです。そのハガキを目にした当時の社長が……」

というように、商品開発の経緯から話し始めるのがナラティブです。

また、キング牧師の"I have a dream."や、バラク・オバマ米大統領の"Yes, we can."など、歴史に残る名演説というのは、ほぼ間違いなくナラティブの色合いが濃く出ています。あるいは、名経営者と謳われるような人たち、彼らも例外なく、ナラティブな話の名手だといっていいでしょう。

数字や理屈だけでは人の心は動きません。自分は本気でこの世界をこうしたい、私はこの事業に人生をかけている、そういう類まれな情熱の持ち主で、なおかつそれが相手に伝わる技術をもった人だけが真のリーダーになれるというわけです。

だからといって、ロジカルよりナラティブのほうが重要ということではありません。話術巧みにお客さんを惹きつけることができる営業パーソンでも、成績が芳しくない人はいます。

ナラティブだけでロジカルでないと、お客さんにしてみれば、話はおもしろかったけど、結局、何を言いたかったのかわからなかった、悲しいかな、「熱くてウザイ」と引かれてしまうこともあるでしょう。

このように、ロジカルとナラティブはどちらが優位ということではなく、相手やテーマによって使い分ける。または、ロジカルをベースにして、ナラティブをかぶせるというのが、効果的です。

ロジカルとナラティブは、「はなす」という伝わる習慣を支える両輪。どちらが欠けてもうまくいかないと思ってください。

訊き方と聴き方

次が「きく習慣」。

訊き方と聴き方。話を伝えるのになぜ「きく習慣」なのでしょうか。

それは、相手の理解度や、自分と相手との気持ちの一致具合を知るためには、**話している間に適宜質問をして相手の状況を確認する**ということが大事になってくるからです。

質問が上手になると、相手の答えを受けて相手の知りたいことや訊きたいことを確認し、そこにずばりボールを投げられるようになるので、話の伝わりやすさは格段にアップします。あたまのギャップが小さくなるということです。

そして、こころのギャップのためには、相手が答えている言葉を、真摯な姿勢で聴くこと。もっと知りたい。そしてしっかりと受け止める。カウンセラーが患者さんから信頼を得るためにすることは、一にも二にも聴くことです。

見方と見え方

最後が、「みる習慣」。

見方と見え方。聴き手と話し手の間にあるのは、言葉や態度のように目に見えるものだけではありません。まず、自分は相手のことをどう思っているのか。なにか思い込みはないだろうか。これがあると、ギャップどころではありません。二人の間にあるのはバリア＝壁、それも障壁です。

もしも、**ネガティブな先入観をもっていたら、一度リセット**です。こうした目に見えない意識は、鏡の法則といえます。自然と、負のエネルギーやバイブレーションが伝わってしまうものです。

相手のことを思い込みで評価したり判断してはいけません。よしあしではないのです。ただあるがままに受け容れる。あなた自身のあたまのバリアを取り去ります。

そのうえで、聴き手が話し手である自分のことをどのように見ているかを話しながら観察する。同じことを同じように話しても、話し手のキャラクターやバックグラウンドによって相手の反応は変わってきます。それを察知して態度や言動を変えることができるかどうかで、伝わり方にもずいぶん差が出てきてしまうのです。相手のこころのバリア。これが最後の難関です。

この話し方・語り方・訊き方・聴き方・見方・見え方が「伝える→伝わる」を実現する主要なスキルです。

どうも話が伝わりにくいという人は、このどれかに問題があると思って間違いありません。そして、そこを意識すればあなたの話は確実に伝わりやすくなります。

ではここで、あなたの「伝わらなかったな〜」と落ち込んだ状況を思い出してみてください。そのときの状態は、次の7つの質問のどこが「いいえ」となりますか？

大前提＝Q0．本当に伝えたいことがありましたか？

「伝わる」には、「伝えたい！」というパッション（情熱）や使命感・責任感があなたの側に必要です。意外と、何を伝えたいのかわからないままに向き合ってしまっているときもあるものです。本当に「伝えたいこと」がありましたか？

□Q1．それをいま、わかりやすい一文にできますか？

一文は一文でも、長いのはダメ。聴き手と話し手が同じ解釈のできるわかりやすい文章です。シンプルが一番。構造が複雑だったり、言いたいことがたくさんありすぎても、相手を混乱させるだけです。

□Q2．思いを込めてメリハリのある話し方をしていましたか？

一般的でありきたりな内容ではなく、自分の体験談、抽象的な言葉ではなく、具体的な自分の言葉で話したでしょうか。相手にとって、印象に残る言葉や内容があったでしょうか。

□Q3．相手のこと（立場・意識・能力）を知っていましたか？

相手に理解・納得・共感していただくために、どんどん質問して確認することが大切です。ここがずれていると、メッセージを同じようには理解できない可能性があります。

□Q4．相手の反応や言葉から、気持ちを汲もうとしていましたか？

自分の話に対する相手の受け応えや意見をしっかり聴くことによって、信頼関係の深さが変わってきます。どこかで不信・不快・不安があるかもしれません。それを取り除くためには、しっかりと聴くことが必要です。

□Q5．相手への先入観や思い込みはありませんでしたか？

案外と心のどこかで、「この人にはわからないだろう」なんて思っていませんでしたか？　先入観は禁物。もしもこれまでに否定的な思いがあったら、それをリセット。

□Q6．その相手は、日ごろからあなたに対して好意的ですか？

あなたに対してネガティブな思い込みがある相手だと、これまでのすべてが「はい」でも、伝わりません。こればかりは、相手の受け止め方の問題なのでむずかしいのですが、こちらがそのことをわかっていれば、対応策はあります。

どうでしょうか？　Q1～6のどこで「いいえ」になりましたか？

「伝わらなかった」という理由は、単純ではありません。6つのスキルがそれぞれ、Q1からQ6までに対応しています。

Q1が「いいえ」だった人は、第1章のスキル1。Q5が「いいえ」の場合は、第3章のスキル5から読み始めてみてください。そして、複数に「いいえ」だった人。その場合は、早い番号のスキルから読んでみてください。

すべてが「いいえ」だった人、大丈夫。第1章から順番に読んでいきましょう。読み終える頃には、いままでと違う伝わり方ができるあなたがいるはずです。

まとめ

話し方、語り方、訊き方、聴き方、見方、見え方、あなたの弱いところは？

はなす・きく・みる

第1章 伝わるための はなす習慣

スキル❶ 相手が理解しやすい話し方
▶相手の状況・能力に合わせる

スキル❷ 相手が共感できる語り方
▶相手の気持ちに合わせる

第2章 伝わるための きく習慣

スキル❸ 相手を知るための訊き方
▶相手にもっと近づく

スキル❹ 相手に信頼される聴き方
▶相手がもっと聴いて！と思う

第3章 伝わるための みる習慣

スキル❺ 相手を尊重している見方
▶相手へのマイナス意識を取り除く

スキル❻ 相手が肯定的に思う見え方
▶相手からのマイナス意識を少なくする

第1章 伝わるための「はなす」習慣

スキル①
相手が理解しやすい話し方
相手の状況・能力に合わせる

スキル②
相手が共感できる語り方
相手の気持ちに合わせる

「あたまのギャップ」を埋めるためには、
ロジカルな話し方。
「こころのギャップ」を埋めるには、
ナラティブな語り方。
「はなす」ときの習慣として、
この2つを意識してみましょう。

スキル❶
相手が理解しやすい話し方

相手の状況・能力に合わせる

1 いきなり話をふられたときの返答力トレーニング

短い時間でロジカルに伝える3つのルール

「犬について1分間スピーチしてください」

突然こう求められたら、あなたならどうしますか?

これは私が実際に研修で行っているプログラムのひとつです。

犬というのは日本人にとって非常に身近な存在ですから、隣の家のブルドッグ、小さいころ犬に追いかけられた思い出、渋谷のハチ公やペットショップのワンちゃんなど、たいていの人は頭に何らかのイメージが浮かびます。テーマとしてはやさしいといっていいでしょう。

ところが、それを言葉にして相手に伝えるとなると、できる人はまれで、たいていこんな感じになります。

「犬といえば、ええと、そうですね……あ、小さいころ実家で犬を、えっとメイという名前で、雑種なんですけど、飼っていて、それでメイの散歩は私の係だったのですが……メイは散歩が大好きで……」

とりあえず話し始めるものの、話はあっちに行ったり、こっちに行ったりの繰り返し。ネタが尽きてくると、時間を埋めるために犬とは関係ないことまで出てくるので、話はますます拡散。「結局、あなたは何を伝えたかったのですか?」となる。

一方、同じお題でも「へぇーなるほど……」と価値あるスピーチにできる人もいる。

この違いは何なのでしょう。

それは、〝伝えるために話す〟ということを普段から意識しているかどうかにほかなりません。思いついたことを端から口にしていけば、わかってもらえるだろうと思ったら大間違い。相手の「あたまのギャップ」に気がついていないことになります。

こちらが伝えたいことを相手に理解してもらうためには、相手が理解しやすい話し方をする必要があります。何を話そうとしているのか、どういう順番で話そうとしているのかがわからないまま話が続くと、聞いているほうはうんざりです。

日常生活で、いきなり「犬について話してください」と聞かれる機会はそうはないでしょう。でも、たとえば会議の席上で突然、新しい企画について意見を求められたり、たまたま同じエレベーターに乗り合わせた役員から最近の若者の流行を尋ねられたりといった、数秒で自分の考えを簡潔にまとめ、的確に相手に伝えなければならない状況は、誰もが頻繁に遭遇します。

そういうときに、「えっ⁉　私ですか？　え〜っとですね……」とあたふたしていると、日ごろからいい意見やアイデアを持っていても相手に理解してもらえず、損をしてしまいます。これではもったいない、残念です。

唐突に話をふられたら、頭が真っ白にならないように、次の3つを覚えておいてください。

①話の主旨を先に決める
②構成を考えて話す
③相手につながる言葉で締めくくる

主旨を最初の3秒で決める

ひとつめ、先に話の主旨を決めることから説明しましょう。

テーマが犬なら「私は動物のなかで一番犬が好き」「日米で異なる、犬に対する接し方」「スピッツを見なくなった理由」のような、さまざまな切り口が考えられます。そのなかから「よし、これでいこう」というものを最初に決めてしまうのです。

「決めてしまう」と言われても、それがむずかしいという方。その場合は、「好きです。嫌いです」「飼ったことがあります。ありません」などの**シンプルな文章から始めるのがコツ**です。3秒で主旨を決めると思うぐらいがいいでしょう。

慣れてくると、バリエーションが広がります。それまでは、「賛成・反対」「好き・

嫌い」「ある・ない」といった対《つい》の言葉で挑戦してください。

このとき、「どっちだろう?」なんて悩まないこと。選ぶのもむずかしいほど、何も浮かんでこないときは、ポジティブなほう（好き・賛成）を選ぶのが無難です。

そして、いったん決めて話し出したら、もう迷わない。

途中で「あれ、犬が好きという話をしていたけれど、本当はそれほど好きじゃないのかもしれないな?」と思ったとしても、「犬が好き」という主旨で始めたら、とにかく最後まで責任をもってその線で話を組み立てるのです。

言いたいことが首尾一貫していれば、主張に賛同するかどうかはともかく、相手はそれほど苦労しなくても、その人が何を言いたいかは理解できます。

ところが、話の前段と後段で主旨が変わってしまうと、話し手の微妙な心の揺れなどわからない相手は、その時点でついてこれなくなる。そして、**「彼は話がぶれる人」というイメージだけが頭に残る**ことになるのです。

もちろん、トレーニングなら当初の主張を通し切って話を終えることに集中すればいいのですが、仕事の話となると、そうはいきません。ではどうするか。

短時間でロジカルに伝える３つのルール

1 話の主旨を決める

何を話したいんだろう?
何の話?
小さい頃の話?
犬の話?メイの話?

2 構成を考えて話す

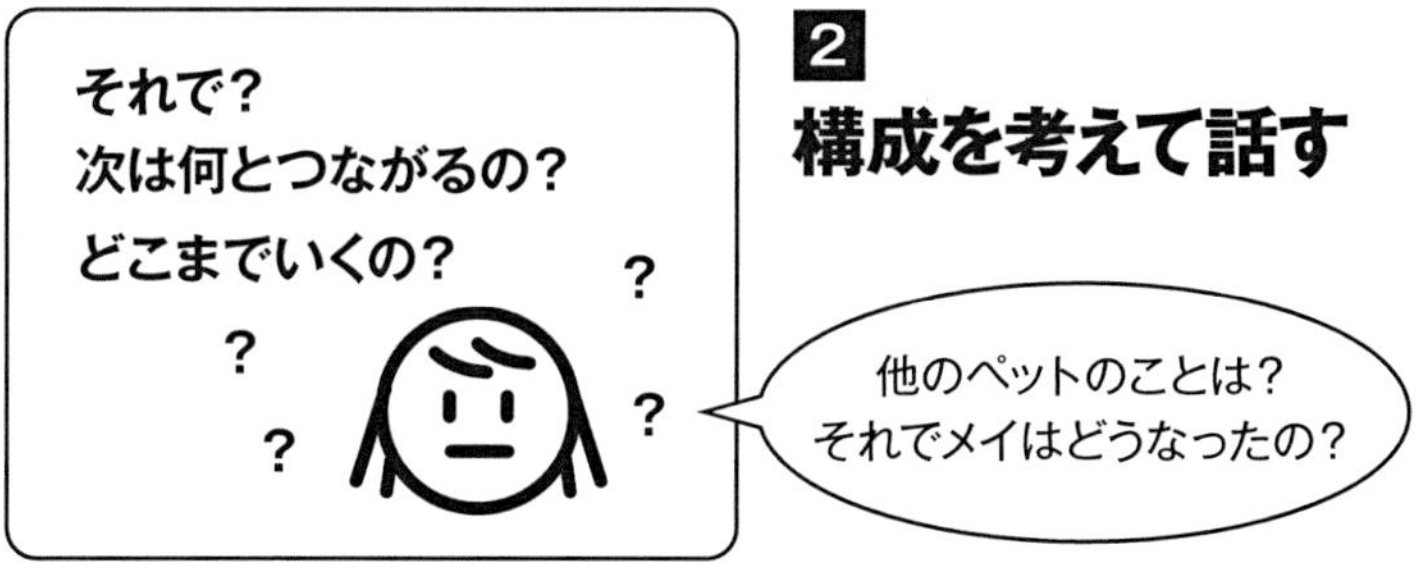
それで?
次は何とつながるの?
どこまでいくの?
他のペットのことは?
それでメイはどうなったの?

3 相手につながる言葉でしめくくる

ふーん……
でも、
自分には関係ないかも
メイをかわいがって
いたんだね…。それで?

もしも話している途中でぶれてるかも……と気づいたら、軌道修正をすればいいのです。いつでも聴き手の目線になること。いまの自分は相手にどう見られているか？　6つめのスキル「見え方」を意識してみてください。

聴き手も明らかに「??」となっているようだったら、潔く仕切り直しましょう。**明るく笑って「横道に入ってしまいました」で、さらりと次へいけそうならOK。**

それではごまかしていると思われそうな場合は、真摯に、

「すみません、途中から混乱させてしまっているかと思います。2点目に戻ってもう一度お話しさせていただきます」

「何かここまでで質問はありませんか？」

「何だか、自分で自分に質問したいくらい、話がぶれてしまいました」

と、「みなさんの気持ちは、わかっています」とオープンに伝えればいいのです。

言い訳や弁明として使うのではなく、「とても緊張してしまって」など、明らかに聴き手にそれが伝わっているなら、その状況を正直に認めれば、相手はむしろ好意的に受け止めてくれるはずです。「深呼吸してから、後半ぶれないようにお伝えします」

と気持ちを切り替えて向き合ってください。

構成は3つの柱で！

2つめは、構成を考えて話すということ。

「自分は犬が好きなのだ！」と、どんなに熱く語っても、話に飛躍があったり、十分な根拠が示されていなければ、理解や共感を得るのは難しいです。

そこで私がおすすめするのは、**主張の根拠を3つの要素で説明する**話し方です。

たとえば「犬が好き」ということを伝えたいなら、「一緒に遊べる」「飼い主への忠誠心」「番犬として頼もしい」と理由を3つ挙げ、だから私は犬が好きなのです、というふうに話をまとめる。これなら聞いている人にも「だから、他の動物ではなく犬が好きなのか」ということが明確に伝わるので、理解、そして納得へとつながります。

根拠となる柱の数は、2つでも4つでもかまいませんが、伝わりやすさからいったら、やはり3つがいいでしょう。

ビジネスの世界でも、経営資源を「ヒト」「モノ」「カネ」の3つに分けたり、3C

分析といって「市場（customer）」「競合（competitor）」「自社（company）」の3側面からフレームワーク（枠組み）を構築したりというように、3という数字が頻繁に登場します。これも理由は同じ。**受け手に与える心理的効果を考えると、3の収まりが一番いい**というわけです。

理由や根拠を3つ挙げるといっても、慣れないうちはうまくできないかもしれません。そこで、慣れるまでは「安近短」「心技体」「快適性・安全性・経済性」というようなフレームワークをあらかじめいくつか用意しておき、話のテーマによって使いやすいものを選ぶといいと思います。

2対の言葉は、簡単に見つかりますよね。大と小、高と低、長と短、前と後、過去と未来など。**その真中を考えてみるのが、3つにする一番単純な方法**です。「大中小（SML）」、「高速・中速・低速」「長距離・中距離・短距離」「前進・停止・後退」「過去・現在・未来」……。

ただし、同じ相手にいつも「以前は～、現状は～、未来は～」では、「またか」と思われてしまいます。慣れてきたら、あえて型を壊すことにも挑戦してみてください。

3つに分ける★フレーム一覧

ビジョンをつくるとき

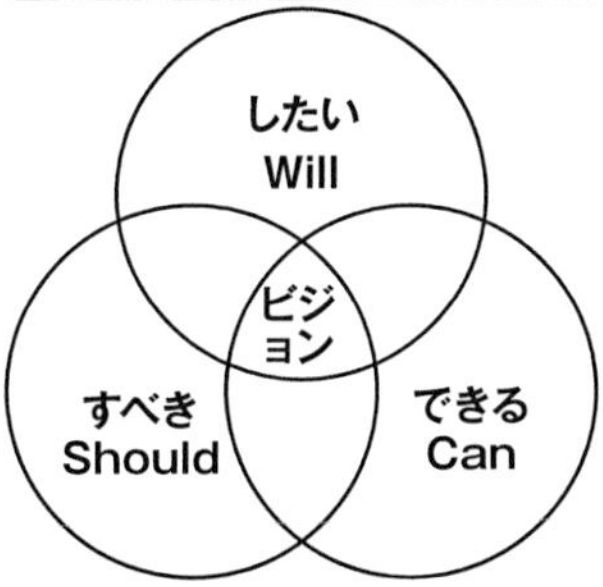
したい
Will
ビジョン
すべき
Should
できる
Can

購入するとき

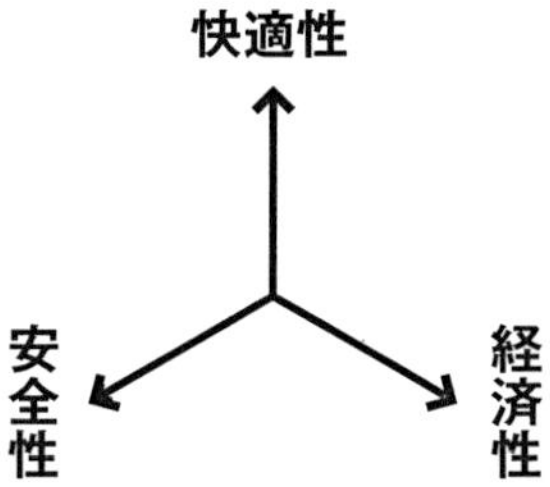
快適性
安全性
経済性

自分の意見を表明するとき

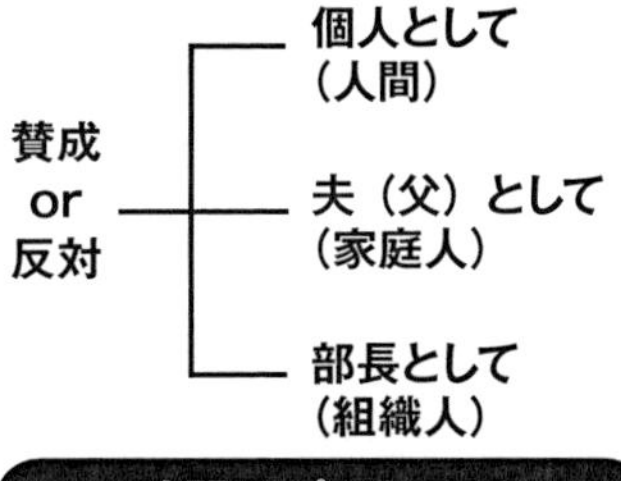
賛成
or
反対
個人として
（人間）
夫（父）として
（家庭人）
部長として
（組織人）

国の防衛は？

空
陸
海

時間のプロセスで

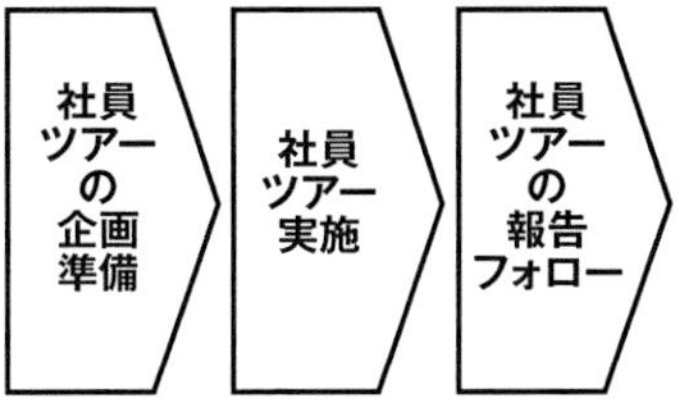
社員ツアーの企画準備
社員ツアー実施
社員ツアーの報告フォロー

販売の種類

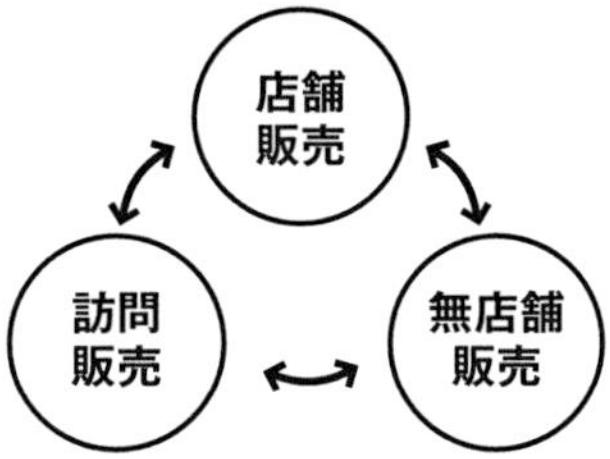
店舗販売
訪問販売
無店舗販売

相手への投げかけで締める

3つ目は、相手につながる言葉で締めくくる。

言いたいことはわかったし、理屈もわかる、だけど自分には関係ない、と相手が思ってしまったら、やはり伝わったことにはならないからです。

アメリカのビジネス・ライティングの講義で、「“You”instead of“I”or“We”(〝私が・我々が〟の代わりに、〝あなたが・あなた方が〟)」と習いました。主語を相手にして伝えるということです。

たとえあなたの話に賛成できないという人にも、**メッセージをきちんと届けて話を終わらせる**、これはとても大切なことです。そして、それには話の最後をポジティブな投げかけで終えるといいでしょう。たとえばこんな具合です。

「あなたが、もし犬は苦手と思っているとしたら、ぜひ一度ペットショップに足を運んでみてください。もしかしたら、あなたと心が通じ合う運命の一匹との出会いがあるかもしれません」

相手への最後の投げかけ

当社が自信をもってお届けする「精算業務ソフト」についてポイントをご紹介いたしました。それでは……（質問）

→

つまり、みなさんの精算業務に関わるわずらわしさが、今よりも必ず軽減できることになります。それでは……（質問）

私も次回から必ず自分のブログに情報を追加していこうと思っています。

→

メンバーのブログは私もこれからもっとマメに見ることにします。みなさんもぜひコメントを書いてください。

私どものチームは、選りすぐられた精鋭たちを集めましたので、どうぞよろしくお願いいたします。

→

みなさんと私どものチームが連携することで、2カ月短縮することができます。どうか、共によろしくお願いいたします。

ふーん……
本当か？
質問してみよう
対話が深まる
情報収集できる

「～だから私は犬が好きなのです」で話をまとめるのと比べてどうですか？　主語を「あなた」にするだけで、聴き手の印象がかなり変わります。使ってみてください。

一文を短く、文と文の間に的確な接続詞を入れる

さて、この３つを意識して話をするとき、もうひとつだけ気をつけていただきたいことがあります。

それは、短い文章で語るということ。短いほうが断然、伝わりやすい。**長い文章は読みづらいとよく言われますが、話すときも同じです。**

テレビや映画のナレーションを思い出してください。大河ドラマ、ドキュメンタリー、旅や美術の番組など、耳からだけでも理解してもらうために、一文は明確で短く、十分な間をとって余韻を楽しむような、「考え、味わう」時間を与えてくれます。

だから、わかりやすく、無理なくスムーズに納得できるのです。

ひとつの文章が長い人というのは「～ですが、～ですが、～なので～」と、接続詞を使わずに「が」「で」という接続助詞を多用する傾向があります。これは110ページ

でお話しする「え～」「あの～」といったひげと一緒で、話しながら考えているからこうなってしまうのです。

だらだら話していると、話がどんどん幹から離れて枝葉のほうにそれていくので、気がついたときには何の話をしていたのかわからないということになりかねません。

こうなるのを防ぐには、1文を短くして、文と文の間に「しかし」「だから」「つまり」と、きちんと接続詞を挟むことを心がけることです。そうすると、聞いている人も話を理解するのに苦労しないですむぶん、伝わりやすくなります。

また、仮に話が枝葉のほうにいってしまっても、**一文が短ければすぐに幹に戻ってこれますね**。最後まで主旨がぶれずに話すことができるのです。一文が長いと、自分で自分を迷子にしているようなものなのです。

まとめ

意見を求められたら、3秒で主旨を決め、3つの根拠を示し、投げかけで締めくくる

2 構成の柱は階層と軸をそろえる

ヨーロッパやアフリカの話の次にいきなり大阪!?

話が伝わりにくい人に共通する特徴のひとつに、違う階層の話を並列に扱うというのがあります。これは「あたまのギャップ」が起こる主な原因となります。

階層が違うというのは、言葉の大きさ、抽象度が違うということ。「衣料品・食料品・日用品」なら、言葉の大きさはほぼ同じ。でも、「衣料品・食料品・シャンプー」では大きさが違いますね。

ヨーロッパやアフリカの今後の経済見通しの話をしている流れの中で、急に「そして、大阪の景気も……」と言われると、「⁇なんで？　なんでいきなり大阪？」「話、いきなり小さくない？」となりますよね。

これでは自分の興味のある分野、または言いたいことに無理やりもっていった感があります。大阪の話をしたいのだったら、はじめからロンドン、ヨハネスブルクといった、都市レベルで話をそろえておくべきでしょう。

聴き手の多くは、次にくるストーリーの仮説を先読みしながら話を聴いています。たとえば、〝新人コミュニケーションの改善〟が議題だとしましょう。話の構成は「3つあります」というスタートだとします。

まず「1. 報告」に関しては、半年前より格段に質が上がった。そして「2. 連絡」については、連絡ミスの件数が増えている。……とくれば、次は何の話になると想像しますか？

「報告・連絡・相談」のホウレンソウ。新入社員研修で、よく出てくる言葉です。次はきっと「3. 相談」について現状の話が続くだろうと相手が想像してもおかしくありません。

ところが、話し手から出てきたのが「連絡ミスで気になるのは、3. 外部のパートナーさんとのやりとり。新人たちが関わる委託業務としては3種類あります」だったらどうですか？

「えっ？　外部パートナーとのやりとり？　委託業務の種類？　3つ目ってそれ？　そこに入っていくの？」と面喰ってしまいますよね。

この違和感は、階層の違いが原因です。「え～っ！　何の話だっけ？」と、「あたまのギャップ」が起きてしまいます。

同じ文脈のなかで違う階層の話をすると、相手の理解は深まらないどころか、かえって混乱を招くだけ。そうなると集中力も途切れてしまうので、いきおい話は伝わりにくくなります。

こうした話し方は、〝相手の思考を迷子にする〟のです。

「いまどこ？　迷っていない？」「細道に入り込んでいない？」「目的地はどこ？　結論に近づいているの？」と不安です。

話を3つの柱で構成する場合、柱の階層は必ずそろえてください。自信がない人は最初に同じ階層の柱を決めておいて、**「これからこのテーマで話をします」とメッセージを明確にしましょう。**

「今日の議題は〝新人コミュニケーションの改善〟です」と宣言したら、続けて「今回は〝ホウレンソウ〟、つまり報告・連絡・相談の3つの切り口でお話しします」と、最初に3つの柱を明確にしておくと聴き手はとてもわかりやすい。安心してこれから始まる話を聞くことができます。

どこへ行くのか？　どういう道を通っていくのか？　まったくわからないミステリー・ドライブ。プライベートで楽しむのはいいですが、ビジネスにおいては迷惑です。社内での日常のコミュニケーションで、ハラハラ・ドキドキが続くと疲れます。

ぜひ、聴き手の方には、安心してゆったりと話を聴くことができるように、理解のためのムダな負担を極力かけなくてすむように、わかりやすく組み立てましょう。

違う軸で話していると会議は迷走する

また階層だけではなく、軸をそろえるのもたいへん重要です。

「軸をそろえる」とは、たとえば「リンゴ・バナナ・ブドウ」、これは果物の軸でそろっています。「赤・黄色・紫」は、色という軸。「リンゴ・バナナ・紫」では軸が違いますね。

「大型店舗・中型店舗・新型店舗」、これは軸が規模なのかスタイルなのかが、混在しています。

会議で海外市場について議論しているときに、突然、国内市場の問題をもち出したり、販売チャネルの問題を話しているのに、自社商品の弱みをとうとうと述べたりする人、いるのではないでしょうか。

テーマに関係があると思って本人は発言しているのですが、明らかに論点の軸が違います。こういう人に引きずられると会議は迷走し、いつまで経っても何も決まらないということになってしまいがちです。

こういうことは、仕切り役であるファシリテーターが会議のテーマを見える化しておくことで回避できます。

ちなみに、会議で必ず見える化しておくべきことは、議論する対象の範囲（スコープ）です。部分なのか全体なのか。部分の場合は、どのように分類した部分なのか。

そして、その対象をどんな戦略的コンセプト（軸）で分けてとらえるのか。この分

階層や軸がずれていると…

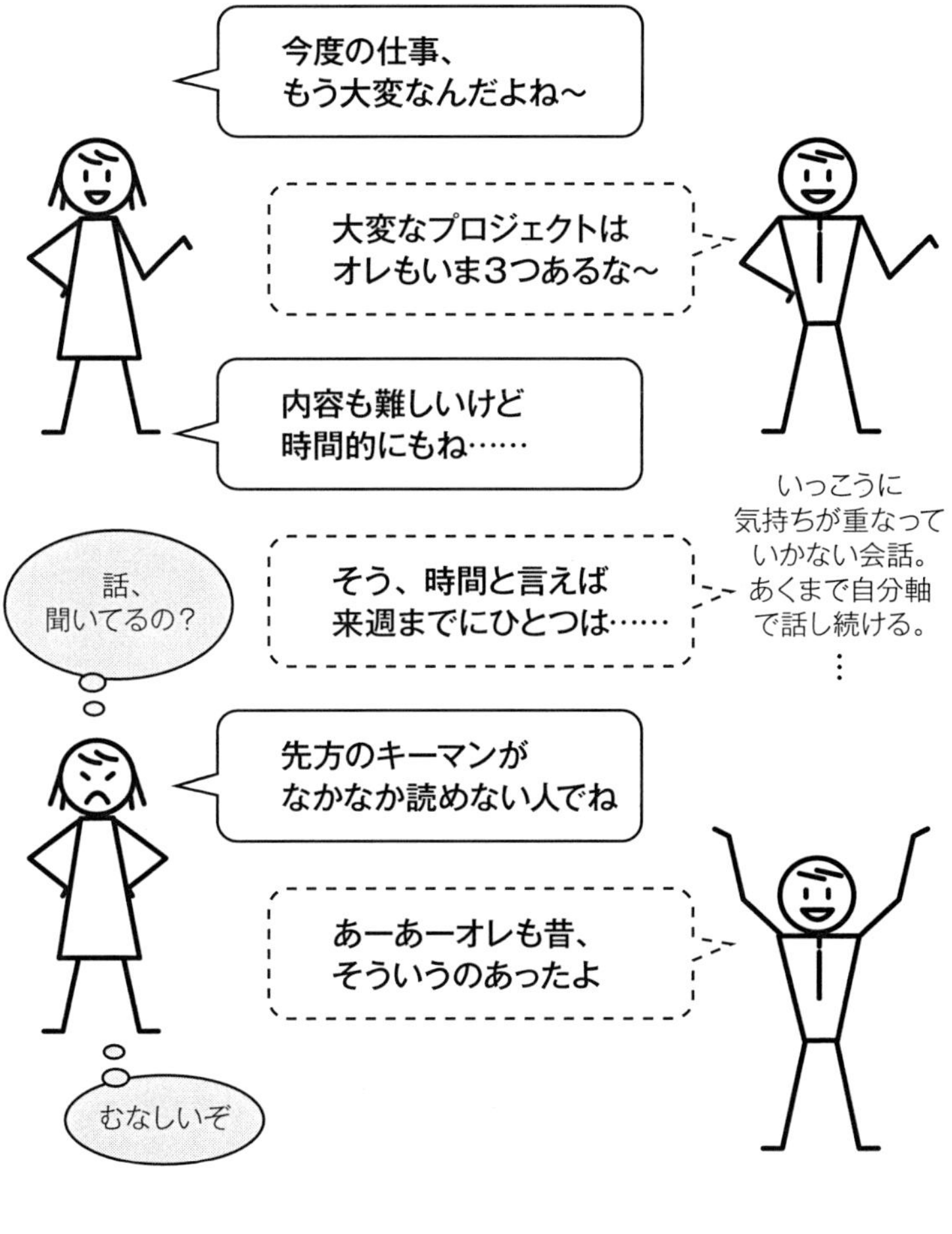
今度の仕事、
もう大変なんだよね〜
大変なプロジェクトは
オレもいま3つあるな〜
内容も難しいけど
時間的にもね……
いっこうに
気持ちが重なって
いかない会話。
あくまで自分軸
で話し続ける。
⋮
話、
聞いてるの？
そう、時間と言えば
来週までにひとつは……
先方のキーマンが
なかなか読めない人でね
あーあーオレも昔、
そういうのあったよ
むなしいぞ

解の軸が決まれば、おのずと対象全体をとらえるフレーム（枠組み）が見えてきます。

たとえば、

＊対象の範囲（スコープ）＝国内営業

＊戦略的コンセプト（軸）＝チャネル別

＊フレーム（枠組み）＝直販チャネル／間接チャネル／インターネット

営業戦略が課題なら、それを左ページのようなツリーの構造、あるいはマトリックスにして、「今日の会議で話し合うのはこの範囲、これ以外に関しては次回以降に話し合います」と冒頭で説明し、参加者全員にこの前提を確認・共有しておくのです。

そうすれば、誰かが違う階層やフレームの話を始めても、すぐに他の参加者が注意して本題に引き戻せますから、最後まで議論の軸がぶれることはなくなります。

まとめ

「何が目的？」「何が今、一番大事なテーマ？」と、自分に問うようにしていると、ムダな議論で迷子にならなくてすむ

会議で議論する対象範囲を「見える化」！

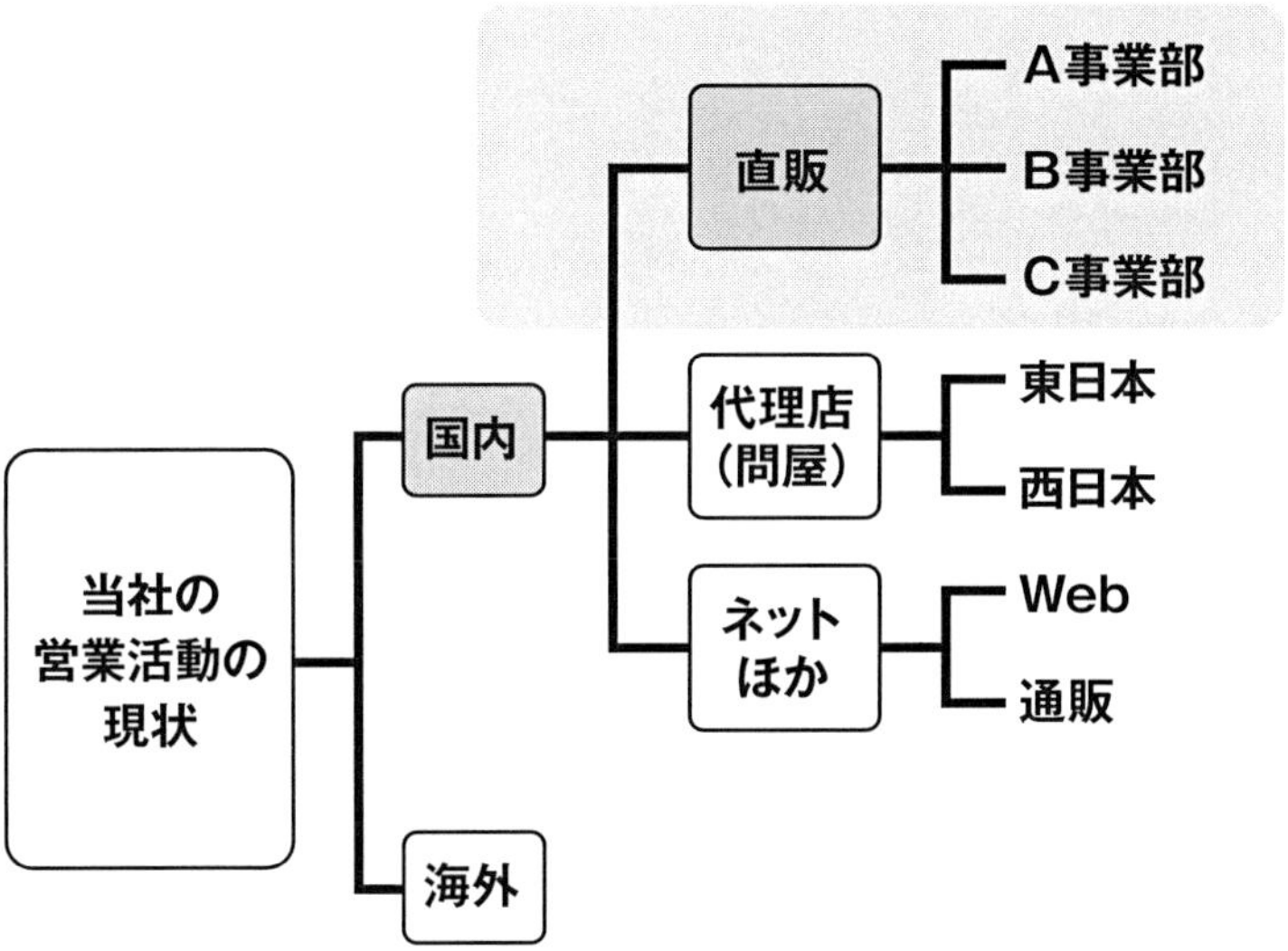
当社の営業活動の現状
国内
海外
直販
A事業部
B事業部
C事業部
代理店（問屋）
東日本
西日本
ネットほか
Web
通販

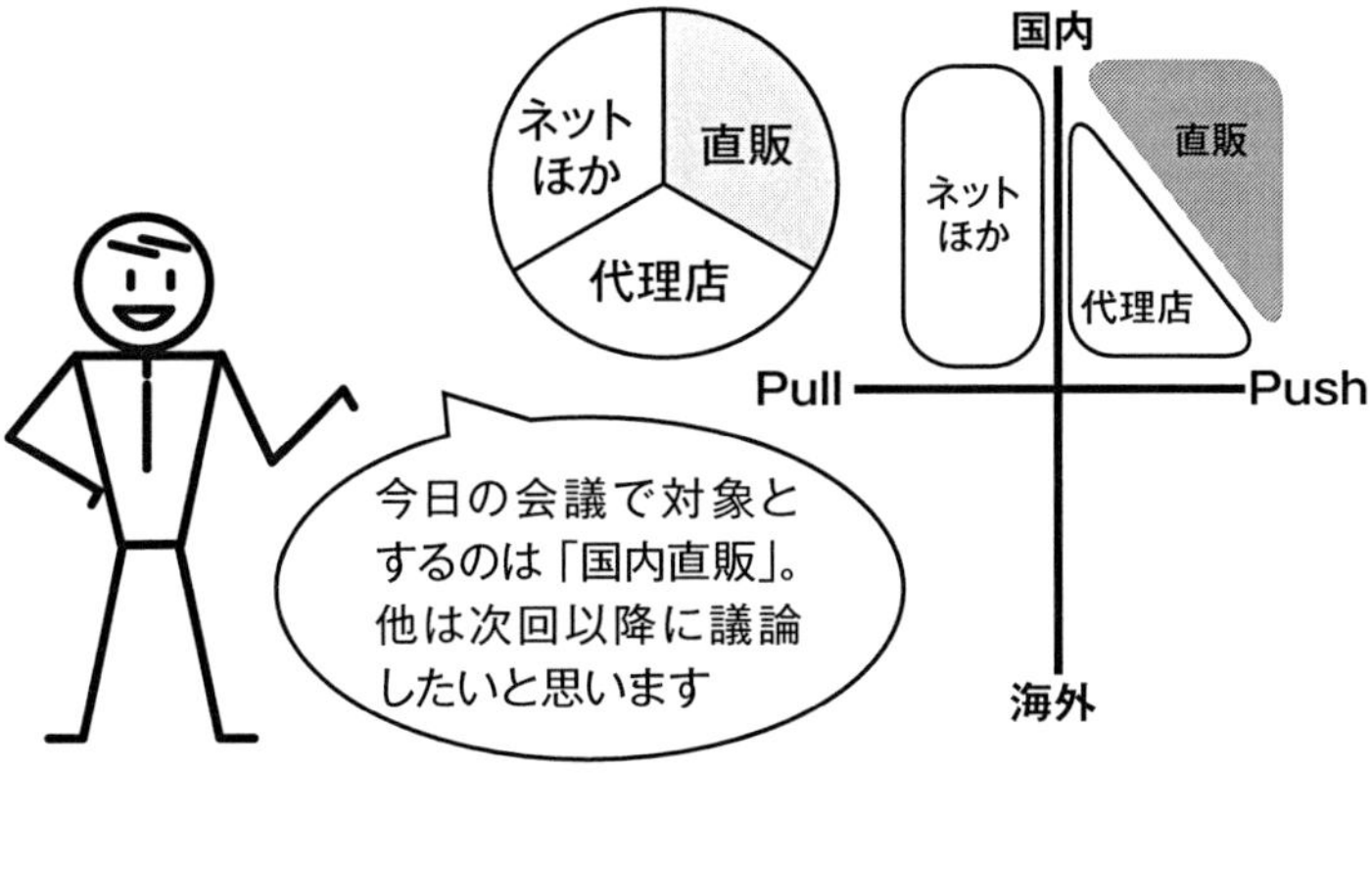
ネットほか
直販
代理店
国内
海外
Pull
Push
ネットほか
直販
代理店
今日の会議で対象とするのは「国内直販」。他は次回以降に議論したいと思います

3 4W1Hで話す・書く

キラーメッセージはWhatではなくWhy

当社ではプレゼンテーションのシナリオを書く際、左ページの4W1Hを踏まえて書くというのがルールになっています。4W1Hには、話を伝わりやすくするという効果があるので、ぜひ書くときだけでなく、話すときにも意識してみてください。

たとえば、あなたは付き合っている人に、なんとしてもダイエットをしてほしい（What）と思っているとしましょう。それにはまず相手（Who）を見て、どこにボールを投げたら聞く耳をもってもらえるかを考えなければなりません。

自分としては相手の健康が心配なのに、本人は健康に気を遣いながら生きるなんてまっぴら、太く短く楽しくいきたいという信念の持ち主だったら、健康の大切さを説くより、「いまより体重が5キログラム減ったら、もっとモテるようになるのに」と

「キラーメッセージ」は“おどし”か“あおり”

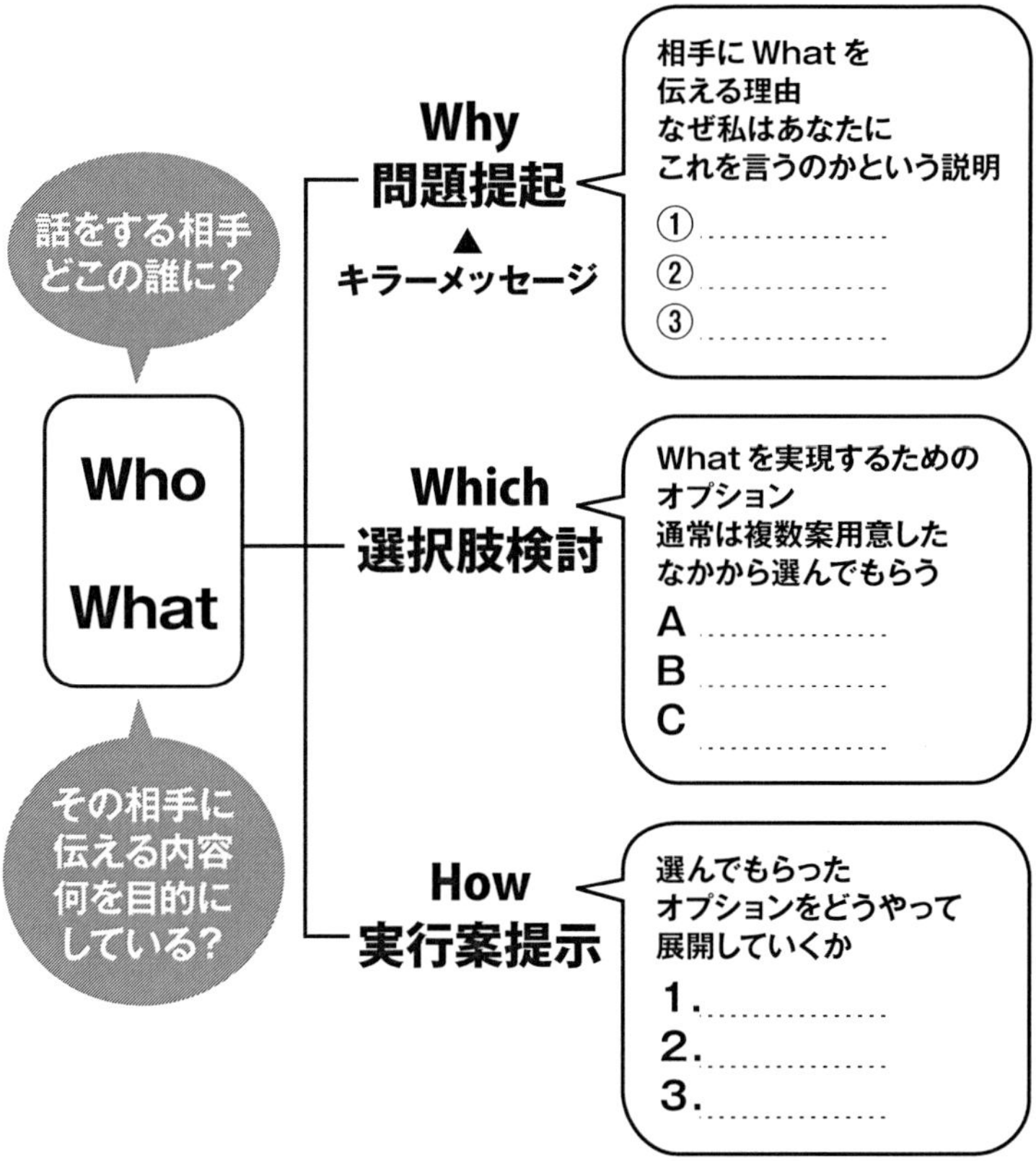
話をする相手
どこの誰に？
Who
What
その相手に
伝える内容
何を目的に
している？
Why
問題提起
▲
キラーメッセージ
相手にWhatを
伝える理由
なぜ私はあなたに
これを言うのかという説明
①
②
③
Which
選択肢検討
Whatを実現するための
オプション
通常は複数案用意した
なかから選んでもらう
A
B
C
How
実行案提示
選んでもらった
オプションをどうやって
展開していくか
1.
2.
3.

意思決定者である「Who」が
納得できる「Why」でなければならない！

いう言い方のほうが、話を聞いてもらうには明らかに効果的です。

逆に、健康にも気を遣っているなら「メタボと生活習慣病って関係あるって知ってた？」「いつまでも元気でいてほしいからだよ」と言ったほうがいいでしょう。

ポイントは、**「なぜこの話をするのかという理由（Ｗｈｙ）」が、相手の琴線に触れるかどうか**。Ｗｈｙが簡潔なメッセージになっていないと、本当に言いたいことを伝えて理解してもらうことはできません。

このＷｈｙをキラーメッセージと言います。キラーメッセージがひと言で言えないようなら、言いたいことの輪郭が鮮明になっていない証拠。どう伝えるかより、キラーメッセージに足る意見や主張を固めることに力を注ぎます。

この部分がクリアできたら、さらにダイエットの方法を複数提示（Ｗｈｉｃｈ）し、自分も協力するから一緒に頑張ろう（Ｈｏｗ）と話をまとめるのは、そう難しいことではありません。

４Ｗ１Ｈのなかでも、一番重要なのは、「なぜ、あなたはそうしなければならないのか」のＷｈｙの部分。**キラーメッセージはＷｈａｔではなくＷｈｙ**なのです。

「Why」のポイント

Why?

問題提起

根拠となる事実を集めて、提案のための仮説を論理的に策定&検証していく。「これは、まずい」または「これは、いける」と思っていただくように。

提案相手は、一番何を言われるとグサッとくるでしょうか?

▼

* 現状のテーマに対する問題意識
* 該当分野で重要と考えているテーマ
* 琴線に触れる言葉
* 共通する問題意識からのテーマ展開など

要は、提案相手のことをよくわかっているのかどうか、がカギ。

提案はラブレター

さて、25ページの課内会議での出席者への依頼を4W1Hで整理するとどうなると思いますか？　左ページの図を見てください。

こうして見てみると、伝わるわけがありませんね。一番大切なキラーメッセージであるWhyが話されていません。

そして複数の選択肢からの納得のいく手段を一緒に検討すること（Which）もなく、押しつけるようにやり方（How）だけが提示されている。これでは、聴き手は〝納得いかないいやらされ感〟でいっぱいでしょう。

では、WhyとWhichを仮定してみます。

Why＝「担当役員が該当イベントの情報を必要としている」

このWhyレベルでは、「なぜ？」の答えが浅いです。それで？　と思う人もいるでしょう。もっとキチンと理由を目的にまで昇華させないと伝わりません。そして、その目的を達成することが、自分にとってメリットがあるかどうかも重要です。

Why＝「担当役員がTV番組『ガイヤの夜明け』のなかで、マーケティングの成功事例として紹介する（➡企業イメージ、売上に貢献する）」

4W 1Hで整理しよう

リーダー

えー、お願いがあります。

3カ月前のイベントについて報告をまとめなくてはならなくなりました。みなさんにご協力をお願いします。

えー報告レポートは、業務報告用フォルダーの中の営業イベントシート。

記入サンプルもあります。あの……シートは定期開催用と不定期開催用の2つありますから、気をつけて。えーと、今回は不定期開催用です。

あのー、来週の課会で確認しますので、えー忙しいと思いますが、よろしくお願いします。

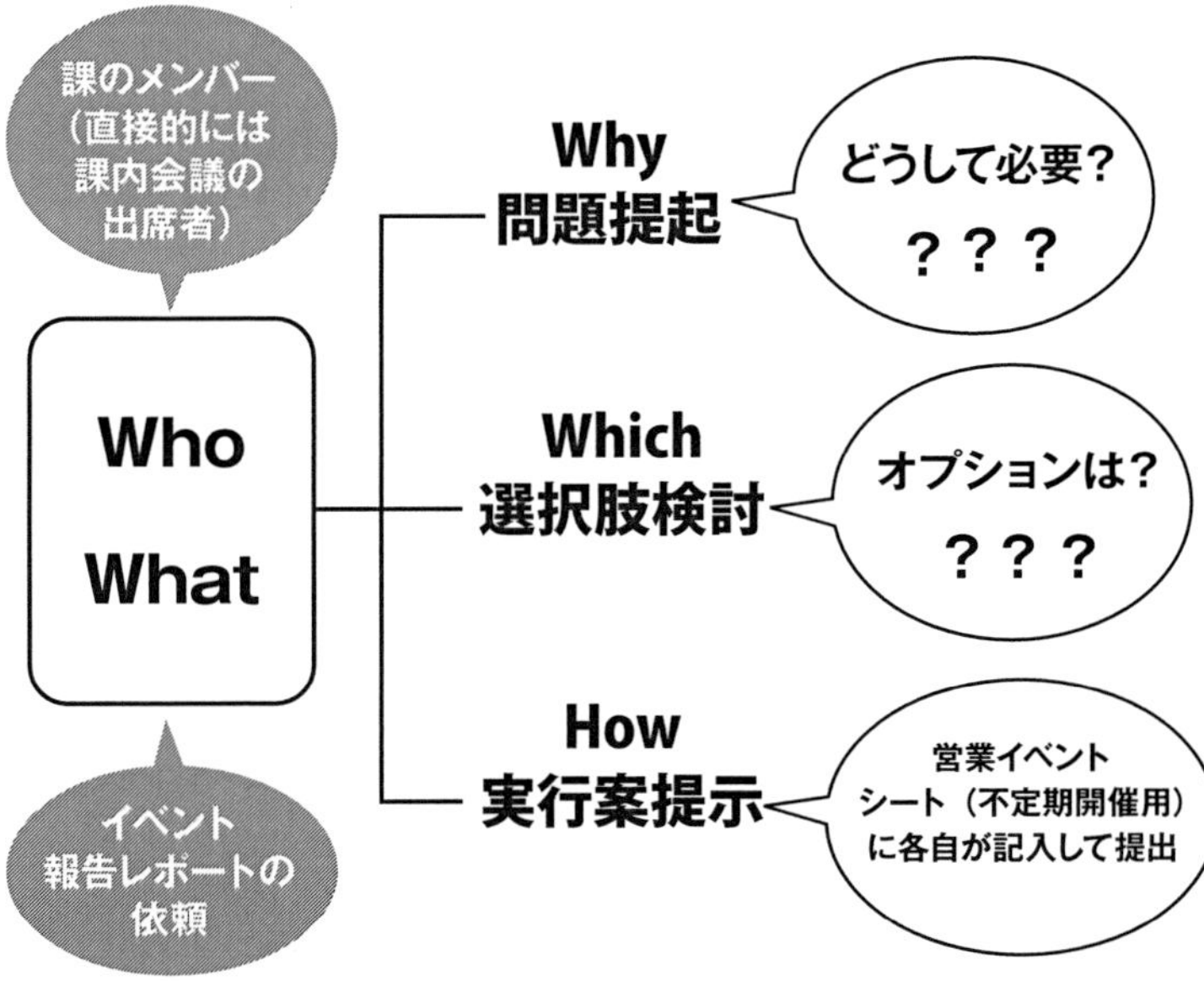
課のメンバー（直接的には課内会議の出席者）
Who
What
イベント報告レポートの依頼
Why
問題提起
どうして必要？
？？？
Which
選択肢検討
オプションは？
？？？
How
実行案提示
営業イベントシート（不定期開催用）に各自が記入して提出

これで、少しは明確になって興味がわいたのではないでしょうか。しかし、今度は「それって、レポートを集めることでなんとかなるの?」という疑問をもつ人もいると思います。つまり、Ｈｏｗの妥当性をうたがうということです。

だから、Ｗｈｉｃｈが重要なのです。Ｈｏｗをいきなり話し出す前に、Ｗｈｉｃｈを聴き手の目線で一緒に考える。たとえば、

「うちの魅力をPRするチャンスですので、担当役員の工藤取締役に十分な情報を渡したいのです。進め方は3つ考えています。みなさんは、どれがいいと思いますか?

①全員の個別レポートを収集しまとめて、工藤取締役と共有する

②工藤取締役と情報共有する場を創るので、全員参加してもらう

③関わった選抜メンバーだけで工藤取締役からインタビューを受ける

みなさんの意見も、この場でお聴きして検討していきたいと思います。ご意見はいかがですか?」

2~3人の手が挙がり、意見交換。

「他のみなさんはよろしいですか?」

「ご意見ありがとうございました。とても参考になります。それでは、このあとみな

さんの挙手をお願いいたします。その前に、事務局は何も考えていないのか、とお叱りを受けそうですから、1案提示します。事務局としては、まずは全員の個別レポートを集めて整理共有してはどうかと思っています。なぜなら……」

こういった流れで自分の考えを話し、「そのためには、みなさんに一番負担がかからない方法として……」ということでHowを提示する。

このほうが、聴き手の納得感は格段に上がると思いませんか?

さて、〝相手に理解していただくための話し方〟が弱かった人は、このようにロジカルな話し方を意識するようにして、臆せず使ってみることです。

それでもまだ、「心が動かないな〜」という聴き手もいるかもしれません。それは、こころのギャップが原因。「語り方」を考えて伝えてみましょう。

まとめ

「なぜ、あなたはそうしなければならないのか?」というWhyの部分を磨いていく

【コラム❶】コンサルタントの会議力

「会議、大好き！」という人は少ないのではないでしょうか。
「会議？　うんざりですよ」
たいていは時間のムダと感じる人が多いようです。どうしてなのでしょうか。
いい会議は、
◉部屋を出るとき、会議がスタートしたときよりも、気持ちがすっきりしている
（⬇もやもや感、曖昧さが残っていない）
◉動いている、進んでいる、目的へ向かっているという感覚がある
（⬇止まっている、堂々めぐりしている、前と同じ繰り返しではない）
◉一人ひとりがオープンな姿勢でありながら、一定の緊張感で向き合っている
（⬇なぁなぁ、責任回避、自己弁護ではない）
こうした場づくりのためには、主催者側が参加者全員の対話を重ね合わせる工夫、努力が大事。一方通行で言い合うのではなく、Aさんの発言にBさんをのせて、Bさんの意見にCさんを組み合わせる。みんなでつくっているという意識を生み出します。

下手なファシリテーターは、発言を公平に扱うことができないので、発言者が偏ってしまい、他の出席者のモチベーションを下げます。一人でも、「自分はここにいなくたっていいんじゃないか」という気持ちになってしまうと、こうしたマイナスの空気は伝染します。

「営業側の意見は、開発側から見るといかがですか?」と振りながら、複数の意見の底に流れるこの会議の「目的」に対するプラスの点を紡いでいく。一見、対立するように聞こえる発言でも、「会社の未来を思う気持ち」は同じだったりするものです。

会議とは、せっかく集ったメンバーで、何かを創りあげていく場。会議は「未来を創る」場であると捉えると、ウキウキしてくるはずです。ファシリテーターになったら、まず自分はそう思ってスタートしてみてください。

「いま、〝後に語り継がれる伝説の会議〟に立ちあっているん」だと考えれば、態度も変わります。時間に価値を与えるのは、その場にいる一人ひとりの責任です。

スキル❷
相手が共感できる語り方

相手の気持ちに合わせる

❶ ストーリーで語る

リーダーは〝背中で〟ではなく物語を語ろう

ではここからは、語り方についてお話ししていきましょう。

社会人になって初めての私の仕事は、プログラミングでした。それも、ほとんど機械語といえるアセンブラーという言語。コンピュータに「A」という文字が入力されたら、それをマシンにどう扱ってもらうかというプロセスを指定する言語です。

大変でした。でも、コンピュータなら命令を正確にプログラミングすれば、私の思うように動いてくれます。

ところが、相手が人間となるとそういうわけにはいきません。

「言っていることはわかるけど、なんだかやる気にならない」

「え、本気だったの？」

そう、人間にはコンピュータにはない、感情というミステリアスなものがあるからです。いくら理詰めで説得しても、相手が心の底から納得して「よし、やろう」と思ってくれなければ、本当の意味であなたの言いたいことが伝わったことにはならない。ロジカルであることは大切ですが、それだけで十分ということではないのです。

こちらの言いたいことを理解し、なおかつそれに共感し、さらに行動を起こしてもらうためには、話し方をもうひと工夫する必要があります。

それが、ナラティブ・スピーキングです。ナラティブとは「物語」という意味。**要素と骨格だけの単調な話を物語に書き換えて、聴き手の感情や想像力を刺激するのです。**ストーリー・テリングといわれることもあります。紙芝居のおじさんや、枕もとで絵本を読んでくれるお母さんの語り方をイメージしてみてください。

とくにリーダーには、ナラティブ・スピーキングのスキルは必須。これが上手に使えないと、メンバーをうまくモチベートすることも、育てることもできません。

メンバーとひと口でいっても、一人ひとり性格も価値観も信条も異なります。リーダーが何か言えば、たとえ言葉が足りなくても、勝手にその意を汲んで行動を起こしてくれる人たちばかりではありません。

いろいろな仲間たちを束ね、全員を目指す方向に進ませるのに必要なのは、リーダーの語る力であって、決して背中ではないのです。

GEの元CEOであるジャック・ウェルチは、雑誌のインタビューで、自分はリーダーとしてとくに何が優れていたと思うかという問いに対し、こう答えています。

「私はアイリッシュでね」

アイルランドの人は、想像力あふれるお話をつくる人がたくさんいるということです。モモやハリー・ポッターのストーリーは、相手をその世界に引き込む力がありま す。ジャック・ウェルチのお母さんも、お話が上手だったそうです。たくさんのお伽話に囲まれて育った少年は、語ることが得意な傑出したリーダーになったのです。

相手の興味を引く物語を織り込む

とはいえ、話にストーリー性をもたせ、比喩やたとえ話を混ぜ、それをあたかも情景が浮かぶように情感たっぷりに話せばナラティブ・スピーカーになるかといったら、そんなことはありません。もちろん、テクニックとしてはそういうものも役には立ちますが、それよりもっと大事なものがあります。

それは、話し手の、つまり**「あなたの心を伝える」**ということ。自分の思っていることを言葉に乗せて伝えるのは、そう簡単なことではないのです。

たとえば、リーダー向けのプレゼンテーション研修で「あなたの仕事観について1分間話してください」というテーマを与えると、内容の深い・浅いはありますが、みなさん話してくれます。

おもしろいのはそのあと。ホッとした彼らは横の人とこんな会話を交わします。

「おまえさ、いつもあんなこと考えていたの？」

「そうじゃなくて、口から出ちゃったんだよ。でも、いいこと言ったろ」

「ちょっとカッコつけすぎじゃない？」
「そうかな。なかなかいいと思ったんだけどな」
これって、聴き手は心からあなたの話に感動したわけではないということですよね。

このように、どういうわけか、心にもないことをつい話してしまうというのは、実は珍しいことではありません。

話しながら、「こんなこと言いたかったわけじゃないのに」とか「なんでこんなこと話してるんだろう」という気持ちになったことは、あるのではないでしょうか。

そういうときの言葉には、話し手の魂がこもっていないので、相手の心に響きません。このことを忘れて、ナラティブ・ストーリーは物語だからと、感動的に演出する技術ばかり磨いたところで、語る力にはならないのです。

リーダーシップ研修で、「これまでにあなたが〝この人についていきたい！〟と思った場面やシーンをありったけ出してください」とお願いすると、深い、いい話が出てきます。話が下手でもぼくとつでも、メンバーのことをわかっていて、信じているリーダー。不器用で真面目なメンバーが自信をなくしているときに、「おまえ、たしかイチローが好きだったよな。イチローの言葉でおれが好きなのは……〝練習は裏切らない〟。おれもそう思う。大丈夫。毎回毎回、事前準備しているおまえにできなくて、いったい他の誰にできるっていうんだ」

いつも見てくれているんだ、という信頼が伝わる。このような一言から、〝愚直〟に続けることの大切さが、他のメンバーにも伝わるのではないでしょうか。

作り話や無理は伝わります。相手のことを思って見ていれば、いま何がその人に必要なのか見えてくる。そして、**その人が大切にしているモノやこと、価値観などに焦点を当てて勇気づける**。

ちょっとしたことですが、相手の興味を引くテーマを織り込むことをお勧めします。

まとめ

部下や後輩に、前向きでハッピーな気持ちになってもらいたくて話をしていますか？

2 心と言葉を一致させる

考えたことを言葉にする自問自答トレーニング

ナラティブ・スピーキングの最初の一歩は、心と口（言葉）を一致させるということです。

そもそも、自分の考えていることと話している内容が変わってきてしまうのは、どうしてだと思いますか？　それは、相手と自分の間にあるギャップだけではなく、実は自分のなかにもギャップがあるからです。

考えずに話し出してしまう。口から出まかせ。とりあえず頭に浮かんだことを口に出し、それと辻褄が合うような言葉を次々とつなげていったら、気がつけば心にもないことを話していたということになるのも無理はありません。

何を話していても「あれ？ 僕の言いたいことってこれなのかな？」と、どこか肚に落ちない気持ちの悪さが、いつもついて回るのです。

心当たりがある人は、考えること、そして考えたことを言葉にする「自問自答トレーニング」をぜひやってみてください。

やり方はむずかしくありません。まず「3週間の休暇、さて何をしますか？」「A社の新商品をどう評価しますか？」「あなたの部署に必要なのはどんな人材ですか？」というように課題を決め、それに自分で答えるだけです。

ロジカル・スピーキングなら、「遊ぶ、くつろぐ、学ぶ」「デザイン、価格、性能」や「行動力がある、打たれ強い、ユニークな発想ができる」というように、同じ階層の3つの切り口から論理が組み立てられていれば、一応OKといっていいでしょう。

でも、ナラティブ・スピーキングのためのトレーニングとなると、これではダメ。心回答のポイントが少々異なります。口から出た言葉に自分が納得できるかどうか。心が入るかどうか。そこにポイントを絞ってください。

気の利いた答えは出たけれど、どこかしっくりこないと思ったら、それはその答えが借りものだからであって、あなたの本心はどこか別のところにあるはず。それが見つかるまで徹底的に自分のなかを掘っていくのです。

たとえば、課題が「近所づきあいをどうしたいか？」だとしましょう。考え抜いた末に「そうだ、ご近所との関わりをこうできたら！」と思わずウキウキしてくるようなアイデアが頭に浮かんだとしたら、それこそが真のあなたの回答というわけです。

このトレーニングを続けていると、「私は世の中のいろいろなことを、こういうふうに見たり考えたりする傾向があるんだ」ということが、だんだんとわかってきます。結構、細部にこだわったり、ついつい精神論へもっていったり。

それは、あなたがそれまで自覚していなかった自分の信念に気づいたということにほかなりません。

実は、次に紹介するリーダー向けのトレーニングは、単にナラティブ・スピーキングに役立つだけでなく、自分自身のコンサルティングでもあるのです。

自分の考えが確認できたら、今度はその思いを強く意識して、新たな課題に答えて

自分の考えを明確にしていく

みんながもっと元気でイキイキ働くような会社にしたいんです！

自分ツッコミ！ で明確にする！

「みんな」って？
全社員？
一般社員？
自分の職場の人？

「もっと」って？
今の状態をどうとらえているの？
「もっと」は何との比較？

「元気」って？
元気な状態を具体的にいうと？

「イキイキ」？
たとえばいま、どんな会社がイキイキしている？

「働く」？
「働く」って作業レベル？
仕事全体？

「会社」？
会社のこと？
職場ではない？
どこまで？

「したい」？
いつまでに？
自分が主体的に？
誰を巻き込んで？

自分や人の言葉を分解してみよう。そうするとボワンとしていた対象がハッキリと見えてくる。

みましょう。
二人でペアになり、一人にだけ、リーダーの言葉が書かれたカードを渡します。

「〝見せたくないもの〟は、隠そうとばかりせずに、もっとでっかくして、目立つようにしなさい（本田宗一郎）」

「組織はもはや、権力によっては成立しない。信頼によって成立する（P・F・ドラッカー）」

カードの言葉を心をこめて読み、相手に伝えます。そして、その言葉から受けたインスピレーションで即興スピーチを1分。これを交互にまたはトリオやグループになって、30以上の言葉を続けます。

賛成するメッセージ、共感できない言葉、いろいろあるはずです。共感しない場合、正直に「私は、この言葉には納得いきません。なぜなら……」と自分の心を伝えてもらいます。

このトレーニングを繰り返していると、自分のことが少しは見えてきます。そして、伝わるとはどういうことか、がわかってきます。

スピーチの後、聴き手は、「伝わってきたかどうか？」「なぜか？　何が？」ということを共有します。本人の好きな言葉も使います。このようにして、自分の傾向に気づいていただくのです。

なぜ自分の信念が大事かというと、信念に根差している考えこそがあなたの本心だから。そして、**本心を伝える言葉には本気の迫力が宿る**。この本気の迫力があって初めて、ナラティブ・ストーリーは、こころのギャップを埋める力をもつのです。

口のうまい営業パーソンが、「この商品を使っている人はみなさん満足していますよ」と、感動的な話をでっち上げて商品を売ろうとしても、本心からその商品をいいものだと思っていなければ、お客さんは胡散臭いと感じ、そうそう買ってはくれません。どんなに言葉巧みに口説いても、本気かそうじゃないかは相手に伝わるからです。

では、「嘘をつかない」という信念をもった営業パーソンを考えてみましょう。

彼は、口八丁手八丁で商品を売ろうとはしません。自分の扱う商品のいいところを必死で見つけ、お客さんにその部分をアピールします。自分が本当に信じている魅力の部分です。

残念ながら、この部分がピンとこないお客さまは買わないでしょう。しかし、彼の言葉に嘘はないので、その部分を魅力と感じるお客さんには届くはずです。また、買わないお客さまにも、彼の商品への思いは少なくとも伝わります。

そして、そんな彼が、もしその思いを物語にして伝えるナラティブ・スピーキングのスキルを身につけたらどうでしょう。まさに鬼に金棒。その努力で売上につながるのは間違いありません。

このとき、大切なのは「嘘をつかない」という信念が、本人だけのうちに閉じた独りよがりなものではなく、聴き手とつながることがポイントです。この違いは、次のように、相手目線で考えるとすぐにわかります。

相手目線で、〝嘘をつかれるのがイヤ〟ということを分解してみるとどうでしょうか。単に「嘘」がイヤというよりも、「だまされるのがイヤ」「不利益をこうむるのがイヤ」「人を信じられなくなるのがイヤ」「自分を尊重していないのがイヤ」などが考えられます。

もしも、彼の信念が意固地なだけだったらどうでしょう。

「嘘も方便」、「やさしい嘘」がまったく通用しない。どんな人にも必ずガンの告知はしたほうがいい。なぜなら「嘘はつかない」が信念だから……。これでは、聴き手とつながるための信念とはいえないと思いませんか？

相手のためなのか、自分のためなのか。これが見極めのポイントです。

どんなことも自分の信念に基づいて考え、聴き手とつながるように発言する人というのは、外からは一本筋が通っているように見られます。そういう人の言葉は信頼に満ち、伝わりやすい。当たり前ですよね。

まとめ

「自分の信念は何か？」を知ることからナラティブ力の強化は始まる

3「図」と「地」でストーリーを考える

まず、何を伝えるか？

「あなたの伝えたいことを物語のように話すのがナラティブ・スピーキングです。さあ、素敵な物語をつくってみてください」

こう言われて、「はい、わかりました」と、そう簡単に人の心を打つお話が創作できるようにはなりません。

そこで、ナラティブ・スピーキングというのはどういう構造になっているかを分析してみましょう。

知っている童話を思い出してください。「シンデレラ」「アリとキリギリス」「いなばのしろうさぎ」……たくさんありますね。

では、そこに登場するのはどんな人たちですか。王子様、お姫様、おじいさん、おばあさん、物売り……ワニや雀といった動物や、時には妖精のような架空のものまで出てきます。

背景となっている国や時代はどうでしょう。日本、ヨーロッパ、江戸時代、中世……こちらも千差万別です。ひと口に童話といってもかなり幅があることがわかります。

それでは、次。

これらの童話や作品が言わんとしているのはどういうことですか。

「嘘をついてはいけない」「勤勉は尊い」「弱い者いじめをすると、いずれ自分に返ってくる」「信じることの大切さ」などですね。意外に少ないと思いませんか。

つまり、お話の数だけメッセージがあるということではなく、同じような主張が手を替え品を替え、さまざまな物語となって伝えられているのです。

これは現代にも通用することです。

宮崎駿作品やディズニー作品、そして手塚治虫作品。

これらがなぜ世界中で受けるのか。

こうした関係は、言語心理学で「図」と「地」という言葉で表現します。

意味のあるストーリー、興味を引く物語には、「図」と「地」が存在するのです。**「図」というのは場面や登場人物、話の展開のこと**。その裏に隠れている、**作者が本当に言いたいことが「地」**です。

話の底に流れるメッセージは何か。そのメッセージを伝えるために、どんな人物を登場させて、どういう話の展開にしていくか、このように分けて考えると、どんな話をすればいいのかが、少しずつ見えてくると思います。

ナラティブ・スピーキングでは話の展開の仕方よりも、「何を伝えるか」というメッセージのほうが大切。これが「地」になります。

「これを伝えたい」というメッセージ自体が弱ければ、あるいは本気でないなら、伝えるための技術をどんなに磨いたところで、あなたの話は虚しく聞き流されるだけで、相手に望ましい行動を起こさせることはできません。

たとえば「図」に自分の体験談をもってくる。体験談は相手の共感を引き出しやすく、ナラティブ・スピーキングの図にするにはもってこいです。具体的な話は、とに

「図」と「地」について

**マザーテレサはナラティブ・スピーカーの名手です。
とても具体的にいろいろなお話をされます。**

図1

ある夜、若いカップルがやってきて
「結婚します。そのために貯めていたお金をすべてマザーのところに寄付したいのです」
どうして？　と聞くと、「私たちはとても幸せです。そしてこの幸福をマザーのところの子供たちと分かち合いたいのです」

図2

日曜日のミサのあと、小さな小さな男の子がお母さんのうしろから、恥ずかしそうに。これまた小さな小瓶を出して、こう言いました。
「マザーのところの子供たちにはお砂糖がないって聞いたので、僕も2週間大好きなお砂糖を食べてないよ。これ、使ってください」

地

**愛とは犠牲がともなうもの。
だからこそ価値がある。**

どのお話も「愛とは犠牲がともなうもの。だからこそ価値がある」ということを伝えています。
このメッセージが地であり、図はいろいろなシーンと登場人物で語られているのです。

図3

「私にも何かできることってあるのでしょうか」と、ある女性が聞いてきました。
「それでは今度、あなたがそのステキなサリーを買うとき、ほしいものの半額のサリーを買って、残ったお金を貧しい人たちのために使ってください」

図4

「オレも何かしたい」と言って、ふるえる手でありったけの小銭を渡してくれた。この小銭を渡したら、もう彼には吸いかけのタバコ1本しかないのに……。
この70ルピーは、余っているものを寄付するお金持ちの1万ドルよりも価値があります。

かく興味を引きます。

「えー？　でも、上司の昔話はあり得ないですよ」という声が聞こえてくるようです。たしかに、昔話好きの上司というのは、たいてい嫌われます。でも、それはナラティブに必要な要素が欠けているからです。

つまり、地＝「本質的・普遍的なメッセージ」がはっきりしていないから。

自分はこの話を通して、メンバーにこんなことを伝えたいのだという自覚がないまま「俺の若いころは」「昔はこうしたものだ」という話をしても効果がないどころか、メンバーは「また始まった」としらけてしまうでしょう。

とくにナラティブ・スピーキングの場合は、「メッセージはこれ」「落とし所はここ」というポイントを最初に決めて話し始めないと、内容の薄い上っ面の話で終わってしまうということが非常によくあります。

「おれが入社したころは……」と延々続く思い出話。それで、いったい何を伝えたいのかが明確になっていないので、単なる苦労話。

やっとでてきたメッセージが「だからお前たちも、がんばれ」では、共感・感動する人は少ないでしょう。

「こころのギャップ」を探ってたとえ話を変えていく

ナラティブ・スピーキングに慣れていない人ほど、共通項がないように見える別々のテーマを結びつけることができません。

たとえ話は、共通の伝えたいメッセージを探って、一見バラバラに見える点と点をつないで意味を見い出すもの。どんな対象でも必ず、あなたのよく知っているテーマとつなぐことができます。なのに、テーマに直接関係ない話では、聴いている人の関心を引きつけられないと思い込んでしまっているのです。

そんなことはありません。

たとえば日本の国家財政の状態を説明する相手が家庭の主婦なら、経済用語をやさしく言い換えたりするより、家計簿にたとえるほうがわかりやすいですよね。世界への問題意識を多くの人にもってもらいたいから、「世界がもし100人の村だったら」とすることで、あっという間にチェーンメールが世界を駆け巡りました。

相手が歴史が得意なら、例を歴史からもってくるのもいいし、野球好きだとわかれば、組織論を語るのにピッチャーやキャッチャーを引き合いに出すなど、**相手の好きなことや興味のある分野に関するたとえ話にする。**

そのとき気をつけなければならないのは、話しながら相手のことをよく観察し、いまのこころのギャップを想像すること。ピンときていないようなら、別のたとえ話に変更したり、途中で「こんな例もあります」と道筋を変えたりして、伝えたい自分の思いと相手の気持ちの重なりが大きくなる方向に軌道修正を図ります。

最初に予定していた話と変わってしまっても、最終的にメッセージが伝わればいい。それくらい、間口を広くしておいたほうが、成功の確率は高まります。

まとめ

たとえ話や体験談は相手の興味の度合いを見ながら変えていく

こんなたとえ話だと相手に伝わる

ソニーの盛田昭夫氏は、名スピーカーです。
盛田さんのお話の中に、たとえ話が
よく使われています。

「私は日本の会社、組織はおみこし経営で、アメリカの会社はボート経営だと思う」

「相手の電波が何チャンネルに合っているかを知って、その電波を出せば自然に受信する。それがコミュニケーションだ」

「どんな相手でも理解できる表現」の例として、
こんなケースを紹介しています。

「〝きれいさ〞の基準を誰もが理解できるように『朝一番でパークに入ってくるゲストの赤ちゃんがどこを這っても大丈夫なように洗うこと』。これが米国ディズニーランドのマニュアルだ。あいまいさのない、わかりやすい基準を示したのである」

4 体験談は「平穏→事件→困難→達成」の構成で話す

失敗談や挫折話に人は共感を覚える

話を聞いている人の頭に、あなたが思い描いているイメージと同じイメージが浮かんでいる。ほぼ同じ絵を共有している。これが理想的なナラティブ・スピーキングです。

しかし、そんなイキイキとした映像のようなイメージ、小説のようなシーンを、何もないところからつくるのは至難の業。そう簡単にはできません。

そこで役に立つのが過去の体験です。

でも、98ページで述べたように、たんなる思い出話で終わるようでは逆効果。伝えたいメッセージのために、自分の過去の経験を探ってみてください。

たとえば、先輩であるあなたが後輩に、「仕事に対するモチベーションを上げよう」

ということを伝えたいとします。

まず入社してから今日までの自分を振り返って105ページのように、「これがきっかけでモチベーションが上がった」という出来事をノートに書き出してみてください。新入社員研修のときの講師の言葉、先輩からもらった本にあったフレーズ、同期で営業実績を競い合ったこと、初めての出張……などいろいろあるはずです。

そうしたら、そこからひとつを取り上げ、ストーリーを組み立てます。ただ、それをそのまま話すだけでは、思ったような効果が出ないかもしれません。そこで、映画のシナリオのように、次の順番で話を組み立てていきます。

①平穏
②事件
③困難
④達成

そこで起こったこと、誰かから言われた言葉、そのときの自分の気持ち、そういうことを各シーンごとに箇条書きにしてから最後にまとめると、メリハリのあるドラマができあがるという寸法です。

また、映画だと印象的な場面が最初に来て、そのあとでその場面の意味を説明するシーンが続くような構成も珍しくありませんが、ナラティブ・スピーキングの場合はそれだと聞き手が混乱してしまうので、**時間軸に沿って話を展開していくほうが安全**でしょう。

物語のなかでは、うまくいったことよりも失敗や挫折を強調してください。人が共感を覚えるのはそういう部分なのです。

自分の情けない過去を語るのはたしかに勇気が要ります。だからこそみんな真剣に耳を傾けてくれるのです。

形容詞、副詞、接続詞を多用する

最後に、話を語るときのテクニックをひとつ紹介しておきます。それは、形容詞、副詞、接続詞を多用するということ。

たとえば「モチベーションを上げよう」と伝えたいなら…

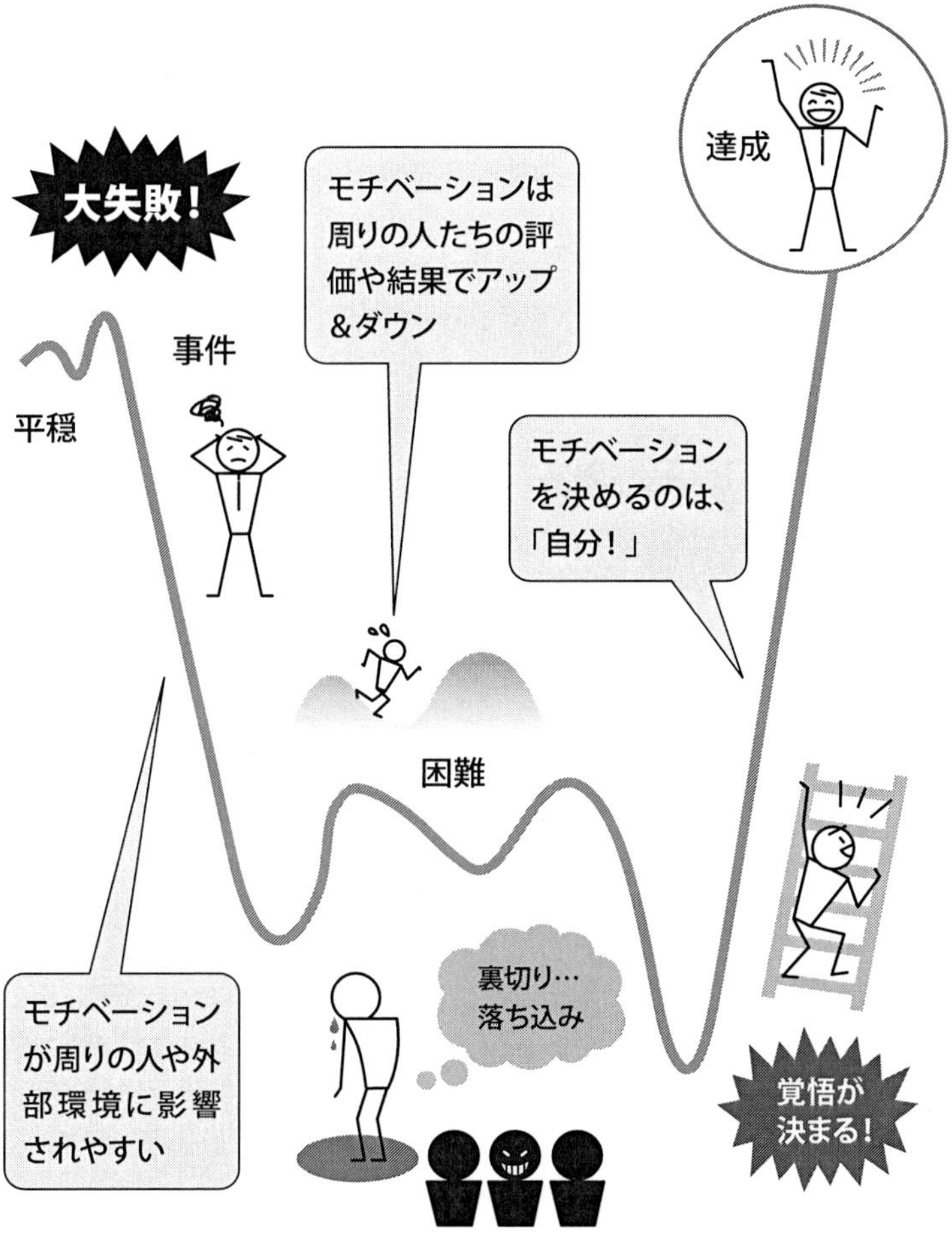

達成
大失敗！
モチベーションは周りの人たちの評価や結果でアップ&ダウン
事件
平穏
モチベーションを決めるのは、「自分！」
困難
裏切り…落ち込み
モチベーションが周りの人や外部環境に影響されやすい
覚悟が決まる！

次の文章のどちらがより相手の興味を引き出すと思いますか。

①「日本商事の社長が交代しました。専務もやめました」

②「日本商事の社長が交代しました。そして、報復を恐れて専務もやめました」

答えは②。

①は、ただ事実を伝えているだけですから、聞き手は報告を受けたという感想しかもちません。②は、「報復を恐れて」という修飾語があるため、**聞いている人のイメージが広がり、何だかドラマそのものです！** 俄然、物語性を帯びて聴きたくなります。

なぜなら、伝わるという点では、ゴシップはとても参考になるからです。社長のもったいぶった訓話などと違って、あっという間に広がりますよね。

一般的・抽象的・総花的な話は心に響きません。

たとえば、〝社内コミュニケーションの改善〟ということを部長に伝えたいとしましょう。ロジック的には、簡潔な一文ではあります。ですが、改善・向上・進化・強化・削減……こうした汎用的な常套句には、気をつけてください。とても便利で使いたくなります。

でも当たり前。「改悪」したい組織はない。正論すぎて「それで？」。

大企業で、多用されている言葉です。心地よく丸まった言葉なので、誰も反対しない。だから都合がいいのです。でも結局は、各論がどうなるのか、人によって解釈がまちまち。動かし出したら、手段がそれぞれの現場で違うので、うまくいかない。そして責任の所在は一向にわからない。こういう結果になりがちです。こうなると、このギャップは広がるばかりです。

もっと言葉をとんがらせて意思を入れましょう。どんなコミュニケーションが問題だと思っていて、いったいどんなコミュニケーションに改善していきたいのか。量が少ないのか、質の問題なのか。

「無関心のコミュニケーションを、もっとおせっかいにしていこう！」
「ムダが多いコミュニケーションを、もっとサクサク効率的にしていこう！」

「内向きのコミュニケーションを、もっとお客さま向きにしていこう！」

勇気をもって言葉をぶつけるだけで、対話は深まります。誰もが賛成とは、いかなくなるからです。そうしたぶつかり合いがイヤだという組織が、まぁるい当たり障りのない言葉しか使わなくなるのです。

しかし、それでは人の心は動きません。

ナラティブ・スピーキングでは、とくに意識して形容詞、副詞、接続詞を使ってください。もちろん、聴き手に響く言葉です。

ただし、あまり乱用しすぎると、いかにもつくった話のように聞こえてしまうので、その点は注意が必要です。

まとめ

言葉をとんがらせよう
一般的・抽象的・総花的な言葉、話では心に響かない

接続詞・形容詞・副詞の使い方

接続詞は大切

「アジア勢が、国内市場のシェアをのばしています」

だから… ゆえに…	つまり… すなわち…	そして… そこで…	一方で… ところで…	しかし… でも…

自分で自分のストーリーをコントロールできる。
これは、一文が短いからできること。文は短く！

形容詞で明確な意志を

⇒ **いつも「どんな？」を問うこと**
「来年は新卒を採用します」

どんな？

＊（海外駐在も喜んでいくような）未知へのチャレンジ精神旺盛な新卒
＊ものおじしない新卒　＊職場を明るくする新卒

副詞で想いを

⇒ **いつも「どのようにして？」を問うこと**
「年度目標を達成します」

どうやって？

＊チーム力を強化して　＊新規開拓を中心として

実は、形容詞&副詞に「戦略」要素が入る！

5 「あ〜」「え〜」「その〜」の〝ひげ〟をとる

ひげが多いと自信なさげに見える

伝わるか伝わらないかは、話の内容や構成だけでなく、話し方によってもずいぶん違ってきます。

研修で私が最初に指摘するのは、「ひげをとってみてください」ということ。ひげというのは、単語と単語の間に入る「あ〜」「え〜」「う〜」「その〜」「まあ〜」というような意味のない言葉をいいます。

なぜ、ひげがよくないのか？

余計な言葉や音が混ざっていると、話が聞き苦しくなるのはもちろんですが、それ以上に、**聞いている人を不安にさせるというマイナスの効果がひげにはある**のです。

25ページで紹介した課会の業務依頼を伝えるときも、文頭や語尾伸ばしによるひげが入っていました。文章にしたときに書かない言葉は、話すときも避けたほうがいいということです。

話の途中に「え〜」とか「あ〜」と不必要な言葉を挟むのは、その間、次に何を話そうか、どう話そうかと考えているから。それは相手にも当然伝わってしまいます。そうすると、話を聞いている側は「この人、思いつきで話しているのでは?」「話している内容に嘘があるのでは?」と疑心暗鬼になってしまうのです。

日本の政治家に言葉のひげが多いのは、言いにくいことがたくさんあるからでしょう。なにか隠しているの? 言いたくないことがあるの? と疑いたくもなります。自信のない発言や思いつきの言葉に、人は真剣に耳を傾けようとはしません。しっかりと自分の意見を伝えるべき場において、ひげは百害あって一利なしなのです。

誰でも簡単にとれる

しかしながら、ひげは訓練をすれば必ずとれます。私はこれまで7万人以上の話し方を指導してきましたが、「1分間ひげなしでしゃべる」という課題をこなせなかった人はひとりもいないので安心してください。

まず、いきなり「え〜」と話を切り出さず、**ひと呼吸おく**。

そして、何を話すかを決めたら鼻から息を吸って「私は動物のなかで犬が一番好きです」と**ゆっくり話し始める**のです。

さらに、ひとつのセンテンスをなるべく短くし、**一文が終わったら、そこで呼吸を整えながら話す**ようにします。

坐禅の腹式呼吸と同じように、**ゆったりと肚（丹田と呼ばれるおへその下）を使って息をする**ように心がけてください。実は、ひげをとるトレーニングは、平常心を維持する自己コントロールのトレーニングでもあるのです。

焦らない、焦らない。落ち着いて、いつも通り。他者の目を気にしないで、あるがままの自分でいること。

また、**姿勢とアイコンタクトも重要**です。

背筋を伸ばし相手の目を見ながら話すと、ひげは出にくくなります。逆に、伏し目がちだったり目が泳いでいたりすると、言葉の歯切れも悪くなって「〜と思うんですが、ええと、あのですね〜」とひげの多い話し方に、どうしてもなってしまうのです。

俳優になったつもりで、詩を朗読してみてください。

呼吸、アイコンタクト、姿勢をいつもの自分とは少し違う意識、演じるくらいの意識で、鏡のなかの自分と向かい合って読み上げてみてください。

詩を朗読しているとき、目はどこを見ていますか？

資料やスライドを使う場合、アイコンタクトをとりにくいのは事実です。ついつい、ずっと読んでしまう。また、見なくてもいいのになぜか資料やスライドやＰＣに目を向けてしまう。そうなっていませんか？

もしも、あなたが聴き手だったら、どう思いますか？　一度も顔をあげてくれない、目を合わせない。こうなってくると、だんだんと、興味は失せていきます。

いったい、誰に向かって伝えているのでしょうか。これでは、相手に失礼です。

必ず、語尾は顔をあげて（向けて）、姿勢を正して聴き手を見ること。

アイコンタクトも呼吸も姿勢も、すべて「伝わる」ため。大切なコミュニケーションなのです。

日本と違って、アメリカの政治家には、ひげぼうぼうで聞きづらいしゃべり方をする人はほとんどいません。アメリカでは政治家になる際、スピーチの訓練の一環としてひげのない話し方を叩きこまれるからです。

オバマ大統領も、記者の質問にアドリブで答えるような場合は少しひげが出ますが、自身のスピーチでは見事なまでにひげを排除しています。

ひげは、とろうと意識して話す習慣が身につけば必ずとれます。そうすればあなたの話の伝わり方も、確実に2割増しになること請け合いです。

まとめ

腹式呼吸で息を意識し、姿勢を正し、相手の目を見て話せば、ひげは出なくなる

ひげのとり方

焦りは禁物
ゆーっくり
息を吸う

一文をおもいっ
きり短くする
主語＋述語や
箇条書きを意識

しっかりと立つ
体のゆれは
ひげにつながる

語尾は言い
切る
あいまいに
しない

誰かを
見つめる
目を
泳がせない

小声はひげが
出やすい
大きな声で
ハッキリと

こわがらない
で間をとる
ゆっくり息を
吸って自分を
落ちつかせる

口を開きっぱなし
にしない
一文ごとに口を
閉じる

ひげのない
キャスターの話し方、
落語などを耳できき、
リズムをまねする

【コラム❷】コンサルタントのプレゼン力

プレゼンテーションというと、構えてしまうかもしれません。『スティーブ・ジョブス 脅威のプレゼンテーション』なんて本のイメージがありますね。

大勢の前で話をする機会は、できれば避けたいと思うのが普通です。でも、そうやってずっと避けていると、本当に本当に避けられない重要なときが、人生初めてのプレゼンテーションになってしまう可能性が大。

そういう状況に遭遇するほうがよっぽど、ストレスじゃないですか?

コンサルタントに、プレゼンはつきもの。でも、みんながみんな、はじめから上手なわけではありません。地道な努力で、聴いていただけるレベルにしているのです。

相手が何人であれ同じ。2000人を前に話そうが、今、話しているこのときに、目と目が合う相手は一人だけです。同時に2人は、見つめられません。つまり、今、目があっているその人に伝えるのです。それが周りにも伝播します。

手には表情があります。エネルギーは、手のひらからも伝わります。178ページでもお話ししますが、手の内を見せる、手当をする……、手のひらからはある種の「気」が出ているのだそうです。だからか、手のひらは相手に見せたほうが、オープンな印象で自信を感じます。握手をするときには、手のひらをしっかりと重ねる勢いで、相手へ自分の「気」を送ってください。

身体の動きを美しく〜躾（しつけ）。ちょっとした動作やしぐさに、内面があらわれるものです。プレゼンターの、資料を見せる動作、椅子に座るときの立ち居振る舞い、コップの水を飲むときの所作。すべてが相手へのメッセージです。「私は、みなさんの貴重な時間を価値あるものとするために、ここにいます」と、尊重している姿勢が全面に伝わるように、少しくらい演技する気持ちでいてください。

プレゼンが上手になりたいなら、うまい人のプレゼンテーションを見るのが一番の早道。そして、何が自分と違うのか分解して考えてください。

インターネットで、世界中どんな有名人のプレゼンも見ることができます。お勧めは、TEDという無料サイトです（www.ted.com）。世界中の各分野の第一人者が、15分平均のプレゼンを披露しています。日本人はほとんど出ていません。

グローバルビジネスにおいては、「寡黙は美徳」のカラを破るときが来ています。

第2章
伝わるための「きく」習慣

スキル❸
相手を知るための訊き方

相手に
もっと近づく

スキル❹
相手に信頼される聴き方

相手がもっと聴いて！
と思う

「あたまのギャップ」を小さくするために、
相手を知ろうとする
アクティブな訊き方。
「こころのギャップ」を埋めるために、
相手からの信頼を深める
ナイーブな聴き方。
「きく」ときの習慣として意識してみましょう。

スキル❸
相手を知るための訊き方

相手にもっと近づく

1 相手に興味をもつ

相手がのってくる質問を用意する

相手がどんな気持ちで自分の話を聞いているか、それを知るには、話をしながらたえず相手を観察することです。

あくびをかみ殺している。相槌がおざなり。顔は笑っているのに目が笑っていない……。これらは「あなたの話に関心がありません」という非常にわかりやすいサイン。

まあ、これくらいは相手を「観て」いればすぐにキャッチできるでしょう。

でも、いったいどこに原因があってそういう気持ちになっているかまで探るとなると、やはり観るだけではむずかしい。

その場合はどうしたらいいか？

そう、**質問すればいいのです**。ただし、質問したからといって相手がなんでもかんでも正直に答えてくれるわけではありません。

「あのぉ、私の話、わかりにくいですか？」

「そんなこと、ないですよ」

そう言いながら、実際にはまったくわかっていない。こんなのは日常茶飯事。せっかく熱心に話している人に対し、わからないと言ったら失礼だとか、わかりませんと答えると頭が悪いと思われるかもしれないといった理由で、わかったふりをしてしまう。あなたも身に覚えがありませんか？

とにかく人の感情は複雑怪奇なので、質問の答えをそのまま鵜呑みにするのは危険。そんなことをしたら、思わぬ誤解が生じないともかぎりません。

要するに、相手を理解するのに質問は必要ですが、**通りいっぺんの質問ではそれはわからない。**質問というのは奥が深いのです。

よい質問のためには事前準備も必要

以前、ある通信会社の営業を対象に、お断りに対する応酬話法を作成したことがあります。お客さんの断り文句というのは、それほど種類が多いわけではありません。

「経費節減だから、これ以上コストはかけられない」

「どこの会社だって同じでしょ」

「いま忙しいからパンフレットだけ送って」

というように、だいたいパターンが決まっています。でも、それを聞いて「ああそうですか、失礼しました」では、そこで終わってしまいます。なんとか食い下がらないと営業になりません。

このとき有効なのが質問なのです。

コストがかかると言われたら「こういう経済的なコースもあるんです。ご紹介まだでしたか?」、忙しいというお客さんには「それでは比較的お手すきのときにまた連絡させていただきます。何月くらいがよろしいですか?」と、必ず質問をする。

ただし「高いって、どこと比べてですか?」というような、**詰問するような質問はダメ**です。会話を続けて、相手が導入を躊躇している本当の理由を探るというのが真の目的です。

実際、そうやって質問を交えながら話をしていくと、最初は忙しいというのが断りの理由だったはずなのに、実は新しいシステムにするのがただ面倒なだけだったり、自分でセッティングする自信がなかったり、そういうお客さんの本音がだんだんと明らかになってきます。

そうしたら、「新しいシステムの導入といっても、作業はパソコン上で全部できるので30分もあれば終わってしまいますよ」「わからないことがあってもサポートセンターが24時間態勢で対応しますので、どうかご安心ください」と、その不安に答えてあげることができるのです。

しかし、いくら応酬話法といっても、機械的に質問していくだけでは相手の本音にたどりつくのは困難です。

大事なのは、このお客さんの不安や関心はどこにあるのだろうと本気で知りたいと思う気持ち、つまり、**相手に興味をもつ**ということです。

そして「なんとかその不安を取り除いてさしあげたい」という気持ちで接すれば、言葉や表情にそれが現れます。

また、状況が許すなら、事前に質問のための準備をすることも重要です。

最低限、お客さまに関する情報を把握して、**自分が相手だったら訊いてもらいたいと思う質問を用意します**。

質問がいきなり、

「新商品の売れ行きは？」

これでは、直截すぎます。

もし相手が総務部の人なら、新商品の売れ行きについてデイリーで数字をもっていないかもしれません。恥をかかせてしまうかもしれません。このとき、呼び水が大切です。

「御社のツイッターのコミュニティに新商品のコメントが続々きてますね。担当は総務部さんでしたよね。毎日つぶやきの数、100は超えているんじゃないですか？」

この答えによって、新商品の話の深掘り、またはツイッター対応の苦労話に質問を変えていくことができます。

でも、ひょっとしたら、課長さんはＩＴやカタカナが大の苦手かもしれません。「ツイッター？ コミュニティ？」という状態かどうか、確認しながら進めます。ＩＴアレルギーがあると見たら、この後の話はできるだけアナログに。

あたまのギャップが起こらないように、相手の理解力や状況を押さえていくのです。

まとめ

相手の情報をできるだけ事前に用意する呼び水情報、それがいい質問へとつながる

2 質問力を鍛えるトレーニング

目の前のペットボトルにいくつ質問できますか?

総じて日本人は質問が苦手です。

日本人にとって、人の話は黙って聴くもの。とくに目上の人や権威のある人が話をしているときに、口を挟むのは失礼だという文化の下で育ってきているからでしょう。日本人は欧米人に比べ、質問する機会が圧倒的に少ない。つまり、質問することに慣れていないのです。

だから研修で「質問してください」と促しても、なかなか出てきません。質問のレベルをあれこれ言う以前に、何を質問したらいいかがわからない。

でも質問ができなければ、相手のことを深く知ることはできません。それでは相手に話が伝わらないということは、すでに本書でも何度も述べてきています。

では、質問がスムーズにできるようになるにはどうすればいいのでしょう？

私の研修では、まず量を出すことに慣れてもらうことから始めます。アメリカのジャーナリスト向けのトレーニングを以前体験しました。「あらゆるモノに質問してみましょう」というゲーム的なものですが、効果的です。どんどん質問が出てくるように、あたまがスイッチされます。

まず、周囲を見渡してください。時計、電話、ボールペン、ノート、机、ペットボトル……そのうちのひとつに向かっていろいろ質問してみるのです。

ここで重要なのは、それらは単なるモノではなく、あなたと同じように意思があるのだと仮定して質問すること。ではペットボトルに対して、質問してみましょう。

いくつ出ましたか？　質問に行き詰まってしまった？

たとえば129ページのような質問でいいのです。このように、ひとつのモノに対し最低10は質問してみてください。

これを研修でやると、「メーカーは？」「容量は？」というようにスペックを聞いて、そこで詰まってしまう人が非常に多く見られます。

これは、**質問する対象への興味が薄いからにほかなりません。**

人間に対するインタビューでもまったく同じです。私はこの人の話が聴きたいのだと心の底から思っていないと、どうしても**出身地や趣味といった表層的な質問しか出てこなくなります。**

モノの気持ちを想像しながら数多く質問できるようになれば、人に対しても同じことができるようになる、それがこのトレーニングの狙いというわけです。

このときも、「メーカーは？」ではなく、「あなたを生んでくれたお母さんは？」のほうが、ナラティブだとは思いませんか。

研修の参加者同士で質問し合ってもいいのですが、人に対しては、プライベートなことや心の問題を質問しにくいので、トレーニングとしては適さないのです。

まとめ

質問の内容で相手の興味の度合いが見えてくる

ペットボトルへ質問！

冷蔵庫のなかって
寒くない？
どこからここへ
来たのですか？
フタがないよう
ですけど、
どこにいったの？
男の人と女の人と、
どちらに
飲まれるとうれしい
ですか？
1本だけで
さびしく
ありませんか？
体重は
どれくらい？
コーラとお茶、
どっちと
気が合いますか？
そのラベル、
ちょっと地味じゃ
ないですか？
凍ってみたいと
思わない？
ここ、へこんで
いますね。
痛くないですか？

3「クローズ」でリズムをつくり「オープン」で深い話を引き出す

質問で仮説を修正していく

質問には「クローズ」と「オープン」の2種類あることも知っておいてください。

クローズ質問とは、「あなたは公務員ですか?」「お寿司は好きですか?」のように、それを聞かれた相手が「はい」「いいえ」「わかりません」とひと言で答えられるもの。また、5W1Hのように、「1万円です」「ドコモです」のように、単語で応えられるものも含まれます。

一方、「ケータイをどう思いますか?」「いまの気分は?」のように、文章で答えなければならないものがオープン質問です。

質問が上手な人というのは、まず相手の答えやすいクローズ質問でリズムをつくっ

質問の2つの種類と3つの目的

クローズ質問

YES/NO や単語で答えられる質問

例 「…はできましたか」
「…はいくつですか」
「…いくらですか」

- 確認する
- 収束する
- コンセンサスを得る

オープンの質問

YES/NO や単語だけで答えられない質問

例 「あなたはどう考えていますか」
「どのような方法があると思いますか」
「なぜこうなったと思いますか」
「具体的にどういうことですか」

- 引き出す
- 深める
- 広げる

3つの目的で質問を使い分ける！

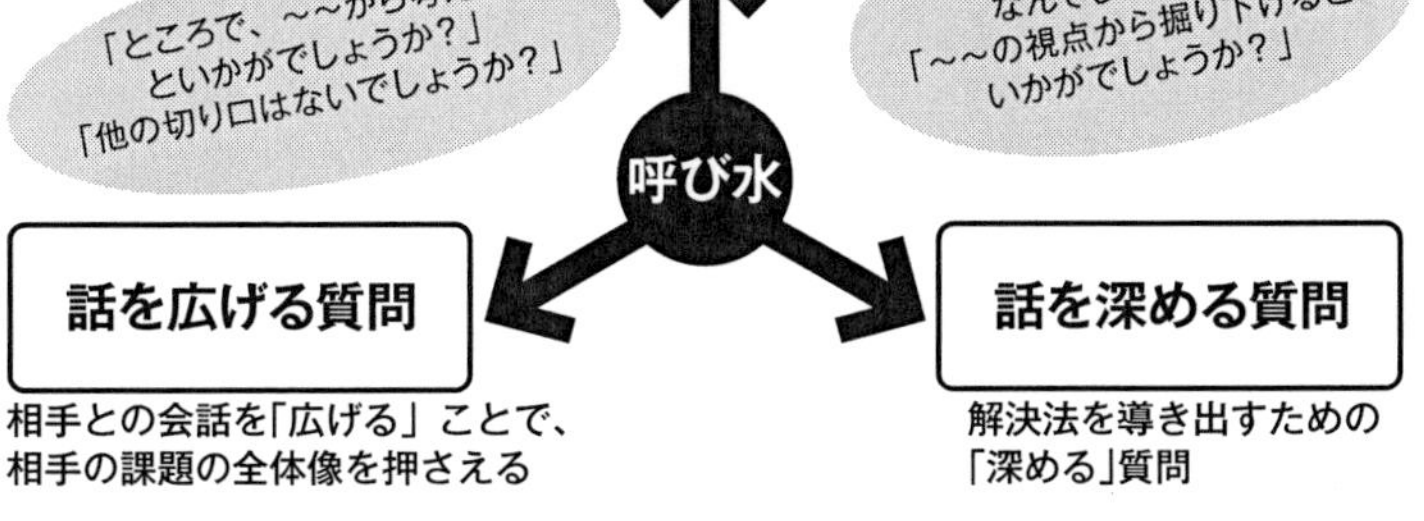
「導入」時に、相手との距離を縮めるために行う
相手との距離を縮める質問
「御社は業界でも～～が特徴と評価が高いようですが……」
「ところで、～～から考えるといかがでしょうか？」「他の切り口はないでしょうか？」
「つまり、～～が大事なんでしょうね？」「～～の視点から掘り下げるといかがでしょうか？」
呼び水
話を広げる質問
話を深める質問
相手との会話を「広げる」ことで、相手の課題の全体像を押さえる
解決法を導き出すための「深める」質問

て相手に近づく。キャッチボールで対話のリズムをつくる。

そして、もう少し深く知ろうとするときに使うのが、オープン質問。徐々にオープン質問に移っていきます。**相手の深い話を引き出す前に、答えやすい状況をつくっておく**のです。

ところが質問が下手な人は、いきなり「いま、どんなことに不満を感じていますか?」「来期の経営課題を教えてください」というようなオープン質問から入ってしまいがち。仮に、本当に聴きたいのがそういうことであったとしても、これでは「いきなりそんなことを言われてもわからないよ」「なんであなたにそれを言わなければならないの」となるのがオチです。

むずかしい質問に答えるには、相手にも準備が必要。選択肢を用意して少しずつ、相手の考えをクリアにしていく。こういうふうに質問をしてもらえると、自分の考えが明確になり、整理されるのでとてもうれしいものです。

クローズ質問は慣れです。友人と次のようなトレーニングをすると、飛躍的に上達します。

クローズ質問とオープン質問のトレーニング

滝川クリステルに会えました！

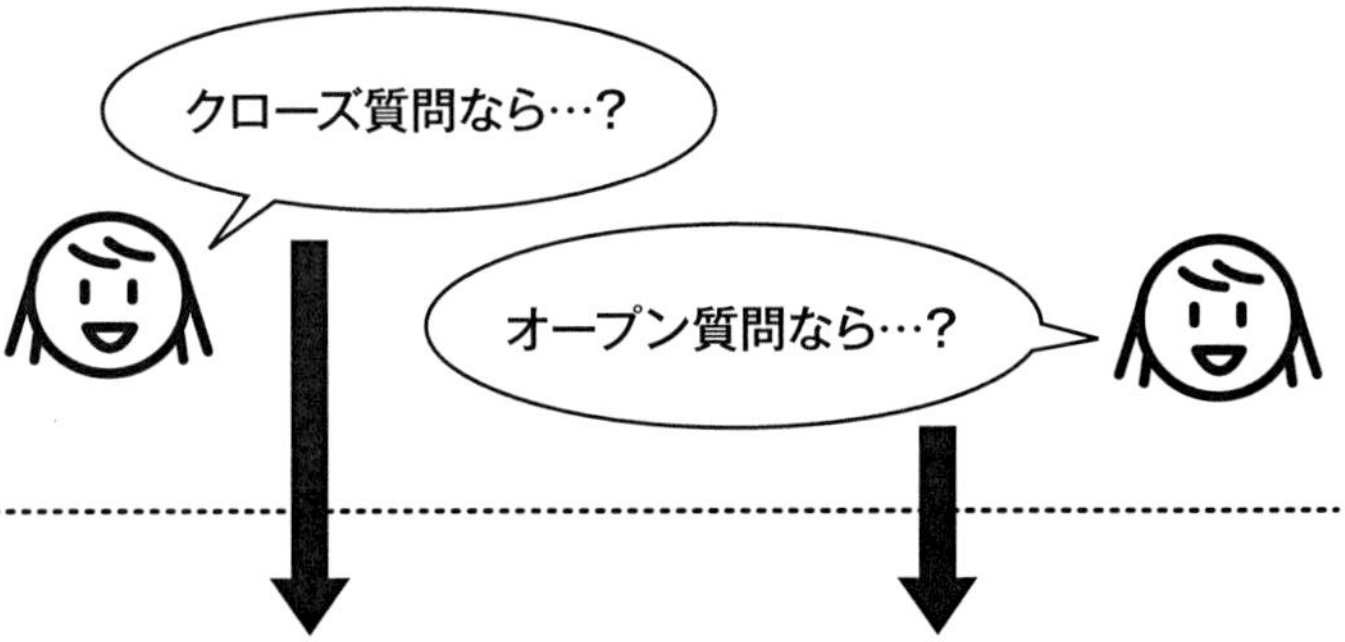

「いつですか？」

「どこでですか？」

「何分くらい？」

「何のために？」

「誰といっしょ？」

「やっぱりキレイでしたか？」

「ファンなんですか？」

「初めてですか？」

「またチャンスあるんですか？」


「どうしてですか？」

「どんな人でしたか？」

「どういう話を？」

「どんな印象ですか？」

「どうしたらボクも会えると思いますか？」

「どういう話題に興味あるようでしたか？」

「どんな人と結婚するんでしょうかねー」

①ジャンルを決めて、ひとりがそのジャンルに関係する単語を思い浮かべる。
②もうひとりが質問をする。質問される側は「はい」「いいえ」「わかりません」だけしか答えない。
③制限時間内に当てたら質問者の勝ち。

たとえばジャンルがスポーツ、質問される側の答えが「剣道」だとしましょう。

「球技ですか？」→「いいえ」→「道具を使いますか？」→「はい」→「一対一ですか？」→「わかりません（団体戦もあるので）」→「日本の武道ですか？」→「はい」

こういう具合に進めていきます。

ここでの**質問のコツは、母集団を一気に減らす鋭い質問（＝キラークエスチョン）を探す**ということ。

たとえば、「球技ですか？」と質問すれば、その答えによって対象はぐっと狭まります。ところが「卓球ですか？」という質問だと、それに対する答えが「いいえ」だったら候補から卓球が消えるだけです。これでは質問した意味がほとんどありません。

他にも「オリンピックにある種目ですか？」「屋外ですか？」「スピードを競います

か？」など、スポーツというものがもつ属性を、いろいろな視点で切っていくわけです。1回1回の質問と答えのやりとりのなかから、「これじゃないかな」という仮説をもって、その検証のための質問をしていないと行き詰まってしまいます。

ムダな質問、あいまいな質問はNG

ムダな質問をしないということも大事です。

道具を使う日本の武道というところまで絞られているところに「フェンシングですか？」と尋ねても、答えは「いいえ」に決まっています。こういうムダな質問は、あたまのギャップが埋まらない、いや、広がるやりとりです。

あいまいな質問もいけません。大きさを訊くなら、「大きいですか？」ではなく、「直径10センチ以上ですか？」「この机より大きいですか？」。

「人気がありますか？」「日本人はやってますか？」――これも答えられない。人気はその人の主観によって異なるので、答えようがない。日本人がやっていても他の国の人もやっているかもしれないので、何を確認したいのかわからない。

相手が答えやすいかどうかを考えてから質問しましょう。

それから「さっき訊いたでしょう!」と言わせるような質問。「球技ではない」と言っているのに、「ハンドボールですか?」、「屋内だ」と言っているのに「短距離ですか?」――これでは話を聴いていない人と思われる可能性大。信用を落としてしまいます。

あんなに「へぇー!」なんて驚いて身を乗り出して聴いてくれていたのに、「それで……兄弟は?」、「……???さっき一人っ子だって言ったじゃない!」――これでは、すごく記憶力か理解力がないと思われても仕方ないです。

これをやっていると、ただやみくもに質問するのではなく、頭に**仮説をもち、一つひとつの質問でその仮説を修正していかなければ答えにたどり着けない**ということがわかってきます。それがすなわち、質問が上達するということなのです。

まとめ

ムダであいまい、同じような質問ではいつまでも相手に近づけない

効果的な質問の流れ

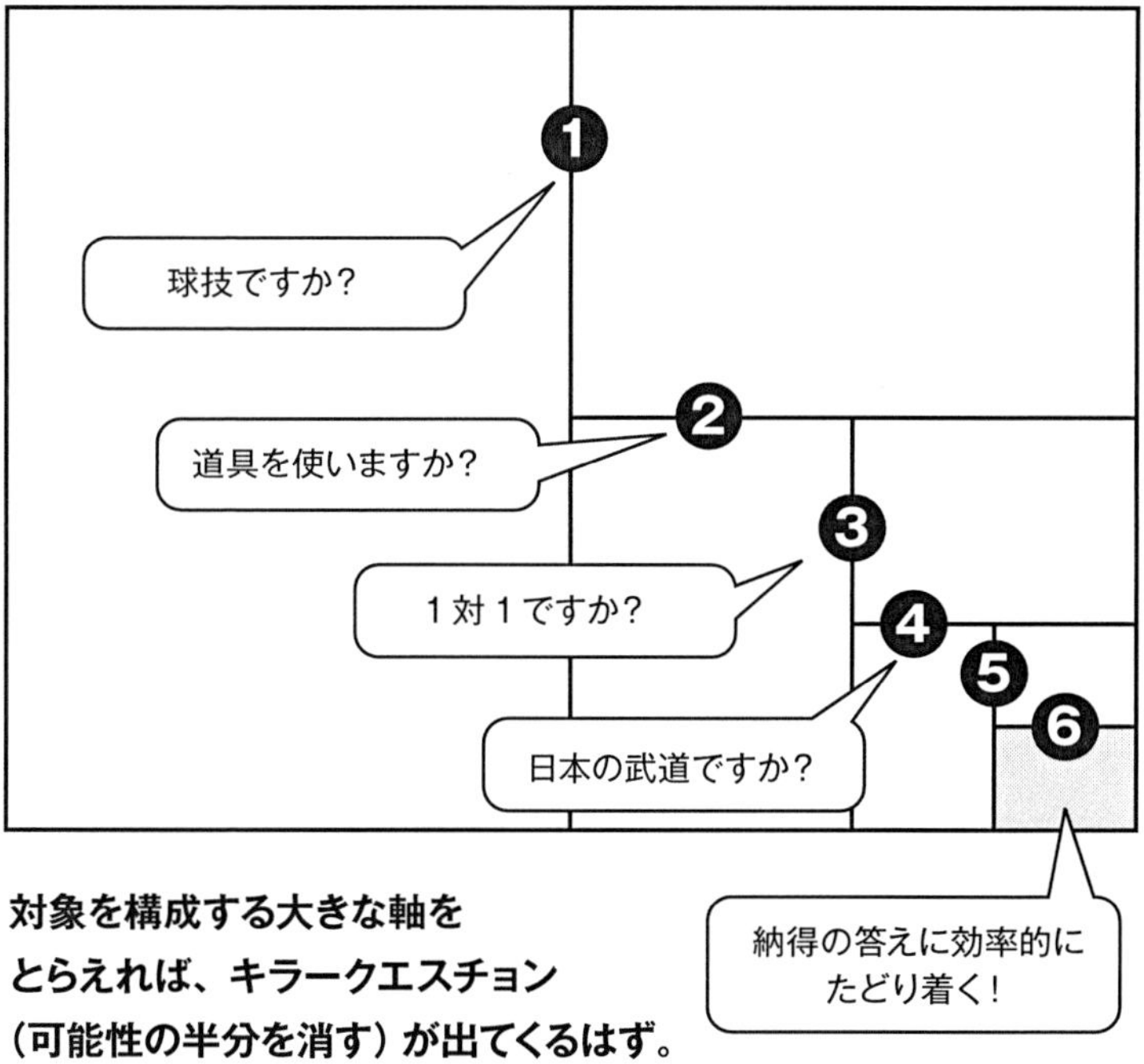
❶
球技ですか?
❷
道具を使いますか?
❸
1対1ですか?
❹
日本の武道ですか?
❺
❻
納得の答えに効率的にたどり着く!

対象を構成する大きな軸をとらえれば、キラークエスチョン（可能性の半分を消す）が出てくるはず。

大きなフレームから小さなフレームへと、仮説を立てながら、順に絞り込んでいく

4 質問に答える力を鍛える

視点を変えて3つ理由を述べる

こちらが質問するだけでなく、相手から質問をされることももちろんあります。だから質問に答える力も、質問する力と同じように鍛えておかなければなりません。

あなたが役員に現場社員のモチベーション低下について説明しているときに、「では、キミはうちの顧客満足度（ＣＳ）についてどう思うか？」と逆に質問されたら、どう答えますか？

曖昧に答えたら、「何も考えていない」とか「自分の考えがない」と思われてしまいます。これまであえて考えたことがなかったことであれば、確かに即答は難しいでしょう。しかし、ここは明確に主旨を決めて伝えてしまうことです。

質問する相手は、あなたの意見を聴きたいから質問するのではなく、答え方であなたがどの程度、真剣に考えて提示しているか見極めようとしているかもしれません。

だから、「どうしよう……」「うーん」と悩んで、**沈黙のまま時間が経過してしまうのだけは避けなければなりません。**ともかく即「レスポンス」しましょう。

答え方は、第1章の51ページで述べた3つのルールです。

「この頃CSについては、たいした話題ないよなー。つまり、良くも悪くもない、ってことじゃないか。CS調査の結果もおぼえていないし……」

たとえ心のなかではそう思っていたとしても、言い切ってしまいましょう。

「私は、顧客満足は社員満足がベースだと思っています」

すると相手はすぐにその理由を問いただしてくるでしょう。

そこで、こう続けます。

「そう思う理由は3つ。ひとつめは、いま元気な企業の多くは社員満足度が高い、2つめは、CS評価は接する社員の対応によるところが大きい、3つめは、社員満足度が高いので退職率も低くノウハウが蓄積されていくという点です」

理由に関しては、極端にいえば知っていることを並べる程度でもかまいません。ここではあくまで論理性を試されていると仮定して、内容よりもちゃんとポイントを3点に絞った言い方になっていることのほうが大事なのです。

質問に応えるコツは、視点を変えるということ。ひとつめは他社のこと。2つめは社員対応のこと。3つめは社内ノウハウのこと。正解があるわけではありません。ですが、偏りなくバランスよい3つで答える、これは意識して習慣にしたいことです。

質問の意味がわからなければ確認すればいい

質問をこわがることはないのですが、質問されると、どうも追及されているような気持ちになる人がいます。まったく自分に予備知識がないことを質問されたら？　相手の質問の意味がわからないときは？　など、心配してしまいますよね。

でも**「質問のほとんどは、答えられるものだ」**という気持ちで向き合わないと、気持ち負けしてしまいます。そして、本当にキチンと相手の質問の意図を理解すれば「なんだ、そんなことか」と思うような質問が多いのです。

むずかしい言い方や、自分と違う言葉を使ったりする人もなかにはいます。「わかりやすく伝える」ことが下手な人ですね。

なので、**こちらは落ち着いて、何を確認したいのか、質問の本当の意味をわかりやすい質問で確認していきましょう。**

それでも、本当に自分が知らない場合は、正直に言えばいいのです。ごまかすのが一番よくありません。いつも、相手目線で考えてみてください。**質問してくださる方は、サポーター**なのです。より理解を深めようとしている仲間なのです。

たとえば会議であなたの意見に対する質問ではなく、その人の自説をとうとうと述べている状況になって他のメンバーに迷惑だったら、「それでは、会議の後でじっくりと」と言って一：一で対応することを約束しましょう。

これは4つめのスキル「聴き方」で、ご説明します。

まとめ

質問してくれる人はあなたのサポーター
より理解を深めようとしている仲間

【コラム❸】コンサルタントの質問力

コロコロキャンディが急に売れ出しました。

①「何を変えたんだ?」

②「何が変わったんだ?」

③「いったい、どうしたんだ?」

質問の仕方で、答える相手の頭の中のスコープ（対象範囲）を変えることができます。コンサルタントは知りたいことへ向けて、意識してこの対象範囲を調整します。

①は、意思を持って会社側が変えたことに絞られます。「値段を下げた」「CMを変えた」「パッケージのデザインを変えた」「味を変えた」「量を変えた」「キヨスクで売るようにした」など。マーケティングの4P（プロダクト、プライス、プレイス、プロモーション）を中心に、変えた仮説が出てくるでしょう。

②の場合、「競合がつぶれた」「お客さまの嗜好が変わった」「購買行動が変わった」「取引先が変わった」「営業方針が変わった」「研修の力の入れ方が変わった」「生産の

キャパが増えた」なども含まれるでしょう。つまり、対象は広がります。

③になると、もっと広げて捉える人も出てきます。「自然食品法の制定の影響」「円高の影響」「新興国で大ブーム」など、マクロ環境も入っておかしくないでしょう。しかし、人によっては①と同じ範囲でしか答えない人もいます。質問の仕方を変えても同じ答えしか出てこない場合もあるのです。

つまり、③の質問をすると、答える相手の目線の高さが確認できるのです。物事の全体像をどこまでの範囲で押さえることができる相手かがわかります。

同様に、完全なオープン質問の「どうですか?」では答えにくそうな場合、言葉を付加していきます。つまり、対象を狭めて分解していくのです。「エリアで考えるとどうですか?」

また、選択肢の質問は、答えるのがより簡単です。「重点エリアは、海外ですか?国内ですか?」。相手が全体像を抑えかねている場合、こちらでスコープを提示し、重要な軸の選択肢で分解していくことを意識して質問する。すると、相手は自分の考えが整理されてすっきり。相談相手として声をかけていただく機会が増えます。

相手が「もっと聴いて！」と思う

1 相手の言葉に反応せずに気持ちを感じとる

誤解、曲解、勘違いはあって当たり前

ロジカルとナラティブの話し方、そして相手を理解する効果的な質問ができるようになったら、次の課題は相手の答えをしっかり「聴く」ことです。

スキル3で、質問をして相手のことを知ることが必要だという話をしました。たしかに質問が上手にできるようになると、相手に対する理解が深まって、こちらの話が伝わりやすくなります。

しかし、実はそれだけでは、「言っていることはわかるし、内容にも興味がないわけじゃないけど、でもね……」で終わってしまいかねません。

また、相手の答えを聴くときに、よく**言葉をかぶせて否定、反論する人がいますが、これはダメ**。相手だけではなく、それを見ている周りの人の印象も、あなたに対して、相当ネガティブな厳しいものとなります。そのダメージは、想像以上です。

反論の内容が論理的で、否定しても当然なことだとしても、この対応を見てしまうと、**あたまよりもこころが反応してしまうくらい強烈**なのです。

こころのギャップが広がること、まちがいありません。

まず心がけなければならないことは、たとえ途中で「それは違う」「私の言いたいのはそういうことじゃないんだけどな」という感情がわいても、それを口にも顔にも出さず、**とにかく最後までひととおり聴く**ということです。

せっかくいい質問をしても、聴き方で信頼を失ってしまうことがよくあります。

誤解、曲解、勘違いはあって当たり前。この人はなぜそういうふうに考えてしまうのか、その意味を考えながら、こころのギャップを聴くことのほうが大事です。

プロローグの35ページで紹介したように、ひと口に「伝わる」といっても、その状態は一様ではありません。そのレベルは4段階に分けられます。

①意味がわかる（理解）→②内容に興味がもてる（共感）
→③肚に落ちる（納得）→④具体的な行動を起こす（一致）

とくに、ビジネスの場合は①や②ではダメ、④までいかなければ目的を達成したことにはなりません。そのためには、話し手であるあなた自身が、相手からあたまで理解され、こころで共感される必要があります。

そこで重要になってくるのが、相手の話の聴き方です。左ページの図のように、聞くではなく「聴く」。この人は、たしかに自分の話を親身になって聴いてくれている、相手がそう思ったとき、初めてそこに信頼関係が生まれ、同時に相手の理解と共感を手にすることができるのです。こうしてこころのギャップが少し埋まります。

「聞く〜聴く」5つのレベル

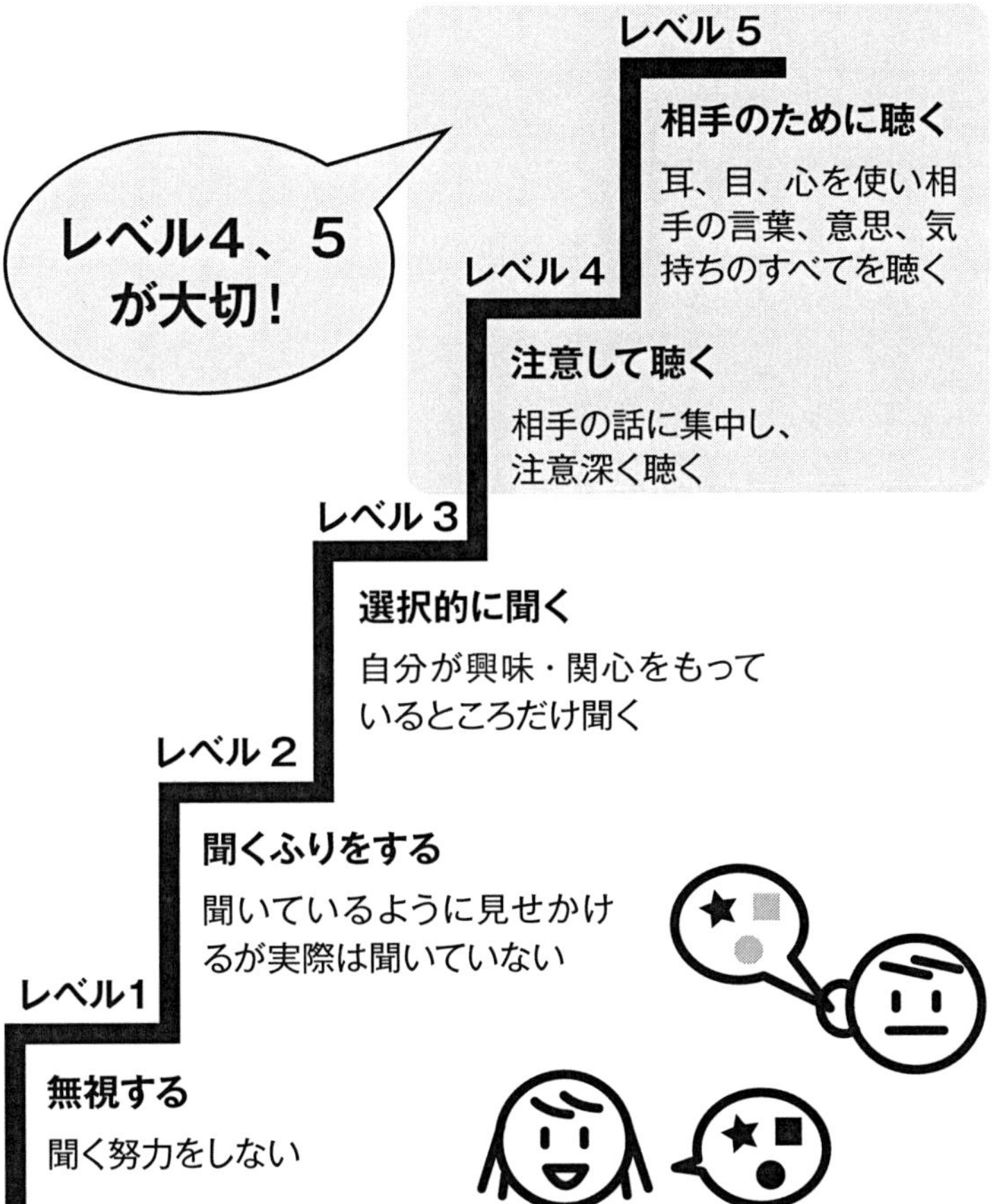
レベル4、5が大切！
レベル5
相手のために聴く
耳、目、心を使い相手の言葉、意思、気持ちのすべてを聴く
レベル4
注意して聴く
相手の話に集中し、注意深く聴く
レベル3
選択的に聞く
自分が興味・関心をもっているところだけ聞く
レベル2
聞くふりをする
聞いているように見せかけるが実際は聞いていない
レベル1
無視する
聞く努力をしない

ふんばって相手の解釈を尊重してみる

こちらはできるだけわかりやすいようにと、あれこれ工夫して話したのに、確認してみたら、話の意図がまるで理解されておらず、それどころか理不尽としか思えないような反論までされたとしましょう。

「だからそうじゃなくて！」「私、そんなこと言いましたか？」「あなたの言っている意味がよくわかりません」――つい、こんな言葉が口から出てしまいませんか？

身に覚えのある人は、相手の話を聴くということができていないと思ってください。

聴くというのは、**相手の言ったことを、心を開いていったん全部受け止める**ということです。感情のままに態度や言葉に反応しないで、相手の気持ちを感じとろうとする。これこそが聴くの本当の意味なのです。

ところがほとんどの人は、**相手の言葉が自分にとって都合が悪いと感じると、すぐにそれを否定したり、相手の間違いを正そうとしたりしてしまいます。**

「私が正しくてあなたが間違っている」という感情が抑えられず、それを相手に言わずにはいられないのです。「それは嘘です」なんて、とうとう相手を嘘つき呼ばわり。こういう反応をしてしまったら、相手との信頼関係はなかなか築けません。

相手には相手の解釈があるということを、まず理解し尊重してふんばる。自分の知らない情報や事情もあるかも知れないのです。

コツとしては、単純に自分が感情を害したと感じたときこそ、自分を高める、または試すチャンスととらえて、**自分のマイナス感情をまず「消す」**。ギリシャの友人から教わった方法は、小さく"Delete it"と声に出して神さまにお願いするそうです（くれぐれも、相手に聞こえないように）。

または、人差し指と中指をクロスする、お腹をたたくなど、**相手にわからないように自分なりのシグナルをもって感情をスイッチする**ことです。

まとめ

反論したくなったときにマイナス感情を消すおまじないを用意しておこう

2 相槌、うなずきは言い方、声のトーンに気をつける

「あなたの話を聴いていますよ」光線を出す

ＨＲインスティテュートのコミュニケーション研修のなかに、「聴く・訊く・話す」の３つを各６問ずつ採点してもらうシートがあります。

日本のビジネスパーソンは、どの点数が一番高いと思いますか？

「聴く」だと思ったのではないでしょうか？

その通りです。「聴く」が一番高い人がほとんどです。

でも、本当にできているのでしょうか？　相対的に言ったら「聴く」なのでしょうが、できているかどうかといえば、あやしいものです。

カルチャースクールをのぞくと「話し方教室」や「スピーチ上達講座」の類はたく

さんありますが、「聴き方」をテーマにしたものはあまり見かけません。聴き方なんて教わるほどのものでもないと、みんなが思っているからでしょう。でも、人の話を聴くというのは、意外とむずかしいのです。

聴くときは、「私はあなたの話をたしかに聴いていますよ」というサインである相槌を忘れないこと。このとき、言い方やトーンにも気をつけてください。

たとえば、力強く「いいですね！」と言うのと、なんの抑揚もない「いいですね」では、相手に与える印象がまるで違います。もちろん望ましいのは相手に前向きな気持ちや落ち着きを与えるほうです。

また、いつも「はい」「ええ」「うん」ばかりではなく、**どんな言葉を使うかも工夫してみる。**

コンサルタントがよく使う相槌に「なるほど」と「おっしゃるとおり」があります。これは「はい」などよりも、相手の言っていることを積極的に肯定しているように聞こえるので、安心感の増す、相手にとってはうれしい相槌です。

だからといって**多用すると、軽んじているように聞こえることもあります。**使い過ぎには注意しましょう。
声のトーンも大切です。落ち着いた声で、「なるほど」、うなずきとともに声が少しもれるというのはいいのですが、妙に上ずった声で「なるほどぉ！」となると、お調子者のような印象を与えます。**語尾はくれぐれも下げるように。**

一般的に、女性より男性のほうが相槌をおろそかにしがちです。とくに男性は、意識して相槌を入れるようにすること。最初は照れくさいかもしれませんが、がんばってください。

「相槌されるのはキライです。なので自分もしません」という人。相手はあなたじゃない。他人なのです。ギャップがあるかもしれません。とくに、女性に対しては相槌は大切です。

言葉だけでなく、聴いているときの表情や態度もまた重要です。相手がつまらなそうな顔をしていると思った途端、話すほうは気持ちが萎えてしまいます。
そういう意味ではメモをとるというのも、聴く側の熱心さが伝わるので悪くありません。ただ、手元にばかり目がいってしまって、相手の顔を見ないというのは問題です。**アイコンタクトは話を聴くときの基本**、メモよりもこちらのほうを優先したほうがいいと私は思います。

この相槌やうなずきに代表される**「あなたの話を聴いています」「どんどん話してください」ということを積極的にアピールする聴き方をアクティブ・リスニング**といいます。

相手が話すのが好きなタイプの場合、この技術が大切です。「あなたは、聴き上手だから」といって、どんどんお話をしてくださいます。もちろん、こころのギャップも少しずつ埋めていくことができます。

先入観をもたず、解釈せず、そのまま受け入れる

もうひとつ覚えておいていただきたいのが、ナイーブ・リスニング。これは、先入観をもたず、言葉を加えず、解釈せず、相手の言ったことをそのまま受け入れるという聴き方のことです。

どちらかというと、**話すのが苦手なタイプ、コミュニケーションがむずかしい相手の場合、ナイーブ・リスニングが必要**です。

たとえば、リーダーがメンバーから遅刻の理由を聞いて、「要するに、やる気が足りないんだろう」と言ってしまったら、これはリーダーの解釈ですから、ナイーブ・リスニングにはなりません。

では、なぜこれがいけないのでしょう?

メンバーは、遅刻はしたけれど仕事に対するやる気はあるのだと思っていたとします。それなのに、リーダーから「お前はやる気が足りない!」と断言されたら、「この人は普段から僕のことをそう見ていたのか。これから何をやってもそう思われるのだろうな」と、本当にやる気を失ってしまいかねません。

つまり、この場合**リーダーの先入観は、信頼関係を壊すという負の効果しかもたらさない**のです。

また、「あなたの言いたいのはこういうことですよね」と自分のつくったストーリーに合うよう解釈したり、相手の発言のなかから都合のいいところだけを拾ってつなぎ合わせるような聴き方も、信頼関係を損ねるという点では同様です。

「だから、お前がおれの代わりに父兄参観に行ってくれた、ということだろう？」

「そうじゃなくて、私の言いたいのは、そのために私がどれほど先生に無理なお願いをしなくてはならなかったか。それから、太郎も私も恥ずかしい思いをして……」

自分に都合のよい事実だけをとりあげるダンナさんに、「まったく気持ちを汲み取ろうとしない！」と、ムカつく奥さま。ダンナさんに聴いてもらいたいのは、気持ち。そしてもってもらいたいのは、感謝。まさに、こころのギャップです。

また、「結局あなたはA、B、Cのどれを選ぶのですか？」というコーチング的な姿勢も、ナイーブ・リスニングにはふさわしくありません。コーチングというのは、ある程度、信頼関係ができあがってからならいいですが、そうでないと相手に心を閉ざされてしまう危険が高いのです。

金融機関のコンサルティングコーナー。

いくら相手はプロだとわかっていても、初めての段階で「お話を伺っていると、お客さまに適した商品としては、この3つが考えられます。まずひとつめは～（略）～以上3商品です。いかがでしょう？」といわれると、本当にこちらの状況がわかって言ってるのかな～と心配になります。

要するに、ナイーブ・リスニングの本質は、聴いている自分が納得するためではなく、**答えてくださっている相手が、安心したり理解を深めたりするため**なのです。相手に納得していただくために、重なりを増やして、こころのギャップを埋めようとする。そのための「聴く」です。

まとめ

話すのが好きなタイプの人にはアクティブ・リスニング
話すのが苦手なタイプにはナイーブ・リスニング

相手そのものを聴く＝傾聴

先入観をもたないナイーブ・リスニング

傾聴を行うことで、信頼関係を築く

「この人になら話せる」

「この人の話なら聴ける」

「この人になら任せられる」

▼

ラ・ポール

フランス語の
「橋」
相手と自分に
かけ橋がかかる

3

反論したくても話の目的に意識を集中させる

自分の正しさをわかってもらうことが目的？

セミナーで、場の空気を和ませようと冗談を言うことはよくあります。まあ、スベることもありますが、それはご愛敬。

それよりも困るのは、私の言った冗談を真に受け「それは差別的な発言です、撤回してください」と、こちらの想定外のリアクションをする人です。

人の価値観は多種多様なので、１００人中99人が笑っているところに、ひとりくらいそういう人がいても、おかしくはありません。でもそんなときに、「差別的じゃないですよ」などと反論してしまったら、火に油を注ぐことになってしまいます。

正解は「失礼しました。私の言ったことのどこにそれを感じましたか？」と、反論ではなく相手の話を聴くこと。

発言するというのは何か言いたいことがあるはずですから、**誤解であれなんであれ、とにかくそれを全部吐き出していただくこと**が大切です。

このとき、私の頭には、いい雰囲気でセミナーを行うことしかありません。もちろん、差別だと感じて発言したその人にも、「セミナーに参加してよかった」と思って帰っていただきたいと思っているわけです。

このように、目的がはっきりしていれば、ここでその人と対峙して、自分の正しさを他の人にわかってもらおうなどという気持ちにはならずにすむ。感情ではなく理性に基づいて振る舞うことができるのです。

相手の話につい感情的に反応してしまう人は、何のために話をしているのかということが、多分に曖昧なのかもしれません。

目を閉じて腹式呼吸をしながら次の言葉を発する

こんな経験もあります。

ある外資系企業のマネージャーから、「ファシリテーションの指導をしてほしい」という依頼が私のところにありました。

その人のところに出向いて話をうかがってみると、かなり勉強していて、それなりに知識もあるし、実績もある。だからか、かなりの自信家です。

私は、そんな彼の話を聴きながら、「こういうやり方はどうですか?」「ここはこうしたらどうでしょう?」と、いくつか提案をしました。

ところが、私が何を言っても「いや、それは違います」「ダメだと思います」「以前、言ってみましたが」と、すべて否定されてしまうのです。

ああ、この人はとっても自分のやってきたことに自信があって、人のアドバイスを受け入れたくないのだな。

それがわかった私は、正直に言うと、「それでは、頑張ってください」と席を立つことも考えました。けれども、そうはしなかった。

「なんで、私を呼んだのか?」

まさにそこに答えがあります。

私は彼から依頼を受けてここに来ているのです。彼には困っていることがあって、それをなんとかしてほしいと思っているからじゃありませんか。

そして、それを解決するのが、私がここに来た目的です。

私はしばらく目を閉じて腹式呼吸をしながら、さて、いまの状況で私に何ができるだろうと考えてから、こう切り出しました。

「お話をうかがって、私はここまで理解しました。それ以外の要素も当然あると思いますが、とりあえず、わかっていることだけを前提として、私だったらどうするかを説明させていただきますが、よろしいですか？」

そうしたら、彼のほうもようやく私の話に耳を傾けてくれたのです。そして、その後もなにかにつけ、相談をもちかけてくれる関係になりました。

もし私が目的を見失って、自分のことを認めさせることだけを考えていたら、このコンサルティングが成功することはなかったでしょう。

目的がはっきりしていると、もしかしたら**相手の言葉に自分の気づいていない貴重**

なヒントが隠されているかもしれないと考えられるようになるので、自然と聴こうという姿勢になります。

さて、スキル3とスキル4、いかがでしたか。

同じ「きく」であっても、「伝える」という目的のために、**「訊く」はあたまのギャップ、そして「聴く」はこころのギャップを埋めるのに有効**です。

通常は、ここまでで十分と思うかもしれません。でもそれだけではダメ。

第3章のテーマ「みる習慣」が、いかに重要かを見ていきましょう。

まとめ

相手の話に感情的に反応してしまうのは、何のために話をしているのか目的が見えていないから

下手な聴き手の態度とは……?

1	気が散りやすい
2	なんでもメモしようとしてしまう
3	相手がゆっくり話していると、他のことを考えてしまう
4	くだらないと思い、聴こうとしない
5	話し方が気に入らない、または退屈だと聴こうとしない
6	感情や主観にもとづく言葉に敏感で、聴こうとしない
7	うわべだけで聴いているにも関わらず、うなずいてみせる
8	話の中心テーマよりも細部に気をとられる
9	議論のための議論をする傾向がある

などなど・・・

つまり、相手への集中ができていない!

【コラム❹】コンサルタントの提案力

ロジカル・シンキング研修で、Ｈｏｗ（課題解決）ツリーをつくる演習があります。Ｈｏｗツリーは、提案そのものです。「こうしたらいいと思います。それはこのように展開していきます」ということをわかりやすく〝見える化〟しているものです。

しかし、これを伝えるとき、ツリーのわかりやすさを台無しにする人が多いのです。

おやおや、もっとわかりやすく伝えられるのに、と代わりに発表すると、「わかりやすく伝えるコツを教えてください」と、よく言われます。

コツは、いたってシンプルです。

＊発表項目以外の余計なことは言わない
＊書いてあることのみハッキリと読み上げる
＊読み上げているとき、意味が伝わりやすいようリズムや抑揚をつける
＊ツリーの上から順番に、規則性を持って伝える
＊最後に、「つまり」といってツリーの下階層から上へ反対に読み上げる

足しも引きもせず明快なので、ツリーの論理性のよしあしがかえってクリアになります。そしてそのほうが、本質的な深いディスカッションになるのです。

提案の場合も、言葉はシンプル&ショートに限ります。つまり、「一言で言える」ということ。相手の反応を見て、あまりいい感触でないと、つい一生懸命言葉を重ねて説明してしまいがちです。しかし、そのほうが墓穴を掘ります。結局、何を言っているのかわからない、ということになりやすいのです。

たくさん言おうとしない。

簡潔に切りあげる。

あとは質疑応答で、相手の納得がいっていない点を中心に深めるという時間の使い方がベストです。「わかっているよ」ということを延々と説明されると、相手はもっと苛立ってきます。

たくさん言いたくなるところをぐっと押さえて、自分をコントロールする。提案はあくまでも、相手のためのものです。

決して、独りよがりな弁論調に陥らないよう気をつけましょう。

第3章
伝わるための「みる」習慣

スキル❺
相手を尊重している見方

相手へのマイナス意識を取り除く

スキル❻
相手が肯定的に思う見え方

相手からのマイナス意識を少なくする

マイナス・イメージの
思い込みや先入観。
自分が相手に対して持っているものは、
自分で取り除く努力あるのみ。
相手が持っているものは
コントロール不能。
何とか少なくするコツをお教えします。

スキル⑤
相手を尊重している見方

相手へのマイナス意識を取り除く

1 思い込みを取り去る

意外とみんな先入観なくありのままを見ていない

結婚式の2次会の幹事を頼まれたら、最初に二人の馴れ初めを確認しますよね。こういうとき、「人の記憶って都合のいいものだな～」と感じたこと、ありませんか？

新郎「残業を終えて帰ろうと思ったら、駅で彼女が僕のことを待っていてくれて」

新婦「待ってない、待ってない。友だちと約束しているところにたまたまあなたが来ちゃったものだから……」

新郎「えーっ!?」

　このように、二人が出逢った重要なシーンのはずなのに、話を聞いてみると、大切な出来事の解釈が全然違っていたり、受けとめ方が正反対だったり。

　人と人が気持ちや心を通じ合わせるのは並大抵のことではありません。だから話し方を工夫し、質問し、その答えをじっくり聴くということが重要なのです。

　実際、「訊く」「聴く」を丁寧に繰り返せば、自分と相手のものの見方や認識をある程度のところまで一致させることはできます。

　しかしながら、それでも伝わらない場合があるものです。よい質問でよく知るようになり、寄り添うような傾聴を繰り返しても、あるところからはダメ。

　これは、「こころのギャップ」どころではありません。メンタル・バリア〜精神的な壁です。「こころのバリア」の問題なのです。このために、「訊く」「聴く」の次にもうひとつ、思い込みを取り去るという作業が必要になってきます。

　それが、この章で紹介する「相手を尊重する見方」です。

「聴く」のところで、先入観をもたず相手の話す言葉をそのまま受け入れるナイーブ・リスニングの話をしました。人間は「こうに違いない」「こうであってほしい」

という思い込みが強いので、そのままだと相手の話をどうしても素直に聴けない。だからナイーブ・リスニングでその思い込みの壁を壊してあげるのです。

同様に、人は自分以外の人間を、ありのままの状態で見るのも得意ではありません。たとえば、ある人が過去に外資系銀行の人と仕事をして、たまたま意思の疎通がうまくいかず苦労した経験があったとしましょう。彼は、今度中途入社で自分の課に配属になる人が外資系企業出身だと聞いたら、顔も見ないうちから「きっとコミュニケーションの取りにくい人間なんだろうな……」と思い込むかもしれません。

外資系企業もそこに勤める人もいろいろです。外資系企業経験者はみんな話が伝わりにくいなどということがあるわけはない。でも、いったん悪いイメージをもってしまうと、そう簡単に払拭《ふっしょく》できないのです。

さらに、話が通じにくいという先入観をもったままその人に接すれば、当然誤解やボタンの掛け違いは多くなります。そうすると、「ほら、やっぱり外資系のヤツは人の話をちゃんと聴けない」と、もともともっていた自分の思い込みがさらに強化されていくという悪循環に陥ってしまうのです。

相手の言動（＝事実）から想像して解釈してはダメ

1
自信がなさそう
2
とても前向きで
明るい
3
発言中、
まばたきが
多い
4
イヤなことでも
あったんだろう
5
会議中、下を
向いている
6
うなづきながら
話を聞いている
7
気づかいのある
人だ

「相手の客観的な言動（＝事実）の表現」と
「あなたの主観的な解釈の表現」の違いは？
（1 2 4 7 は相手の言動（事実）から想像した解釈）

論客と街宣車が同じことを言っていても……

思い込みには、成功体験が徒になるという逆のパターンもあります。

得意先でプレゼンテーションを行った営業パーソンが、「キミの説明はわかりやすい」と相手の担当者から絶賛され、大口の契約がとれたとしましょう。彼はすっかり気をよくし、その後も同じパターンのプレゼンテーションをあちこちでやり、そのたびに高評価を受けるので、ますます自信を深めていきます。

ところが、あるとき自慢のプレゼンテーションが通用せず、大事なコンペに負けてしまうという失態を演じてしまった。今回も同じようにやればうまくいくだろうと高を括《くく》り、伝えるべき人のことをわかろうとする努力が疎《おろそ》かになっていたのです。

それに気がつけばまだいいのですが、そういう場合、たいていは、「俺のプレゼンで心が動かないなんて、あの会社はレベルが低すぎる」と相手のせいにしてしまう。これでは、その人の伝える力は一向に進歩しないばかりか、逆に退化する一方です。

テレビで影響力のある論客が「いまの政府では日本はもたない、解散して総選挙を行うべきだ」と言ったら、「そうだ、そうだ」とうなずく人が多勢いるでしょう。

では、通りの街宣車から「総理大臣はいますぐ辞めろ、内閣を解散しろ」と聞こえてきたらどうですか？　うるさいと思うだけで、誰もまともに聞こうとしませんよね。でも、よく考えてみてください。論客も街宣車も言っている内容は同じ。同じ論理と根拠で訴えていたとしても、受け止め方はまったく違いますよね。

ここまで読んでくださった方はもうおわかりだと思いますが、「こうすれば誰にでも必ず伝わる」という魔法のような伝わる術はどこにもありません。

人が100人いれば、そこには100通りの考え方や価値観があります。誰かに何かを伝えなければならないとなったら、毎回いま目の前にいる伝えるべき人と真剣に向き合い、どうすれば彼、彼女の理解と共感を得られるかを考えるよりほかないのです。そのとき、先入観や思い込みは、百害あって一利なしだと思ってください。

まとめ

先入観や思い込みは百害あって一利なし

2 見方を意識して変えてみる

無意識に「この人、苦手かも……」シグナルを送っている

人のことを正しく理解するのは、思ったよりずっと困難です。だからこそ、人はすぐに自分にとって便利なレッテルを相手に貼りつけて、安心しようとするのでしょう。

あなたも会社で「あいつは調子がいいけど口だけのヤツ」「彼女は根がまじめで信用できる」というように、知らず知らずのうちにメンバーにレッテルを貼ってしまっていませんか？

しかし、そのレッテルはあくまであなた自身がそう感じているというだけのことで、普遍性があるわけではありません。また、そのレッテルがあなたの話を伝えにくくしているかもしれないということも、頭においておくべきです。

たとえば、同じ女性でもあなたの目にはポリシーのない八方美人にしか映らないの

に、他の人は彼女に対して、相手目線で面倒見がいいという非常に高い評価をしているかもしれません。

つまり、人というのは見方によって、いかようにも解釈が可能なのです。

そしてこのことは、あなたが日頃話が伝わりにくいと感じている人も、見方を変えれば伝わるようになるということにほかなりません。

会社のなかにいる、どうも話が伝わりにくいという人。たぶん、あなたはその人のことを、あまり好きではないはずです。また、あなたの好きではないという気持ちは、当然その相手にも伝わっているでしょうから、相手もあなたのことを苦手だと思っていることは容易に想像できます。

お互いが相手をイヤがっていたら、理解も共感も生まれようがありません。だから話が伝わらないのです。この状態がいきつく最悪の関係は、無視&無関心です。

そうなったら、つらいです。周りに自分の存在を「ないもの」としている人がいるのです。マザー・テレサは、「愛の反対は憎しみではありません。愛の反対は、無関心です」と言いました。まさに、そういうことです。

そこで、なぜその相手のことが好きではないのかを、自分なりに分析してみてください。

すると、自分が依頼や指示を出しても素直に従おうとせず、しばしば自分の独断でものごとを進めようとするところに、いつもカチンとくるということがわかってきたとしましょう。

しかし、相手のその態度を、あなたがあなたにとって好ましいように変えさせることはできません。相手が自分から変わろうと思うならともかく、そうでなければ無理。過去と他人は変えられないのです。

では、自分の見方を変えるのはどうでしょう。これなら可能です。

いまは欠点にしか思えない相手の特徴が、長所に見えるよう見直してみてください。

すると、これまでは自分勝手なわがままとしか思えなかった相手の態度も「ちゃんと自分の考えをもっていて行動力がある」と言い換えられることがわかります。

そして、そういうタイプも組織には必要ですよね。そう考えたら、相手を苦手に思う理由はなくなります。もちろん、あなたがこのように見方を変えることで、あなたの話も伝わりやすくなります。なぜなら、これまではこころのバリアがあったので、無意識に「イヤだな」シグナルを送っていたからです。

人の特徴をどう解釈するかは、自分自身の問題。**苦手意識をもっているのは自分がそう思い込んでいるから**なのです。

人は相手や状況によって見せる顔が違う

また、人は相手や状況によって見せる顔が違うということも、案外忘れられていますす。仕事中は冗談も言わない人が、家庭では子ども相手に笑顔を絶やさない優しいおとうさんということは、十分あり得ます。メンバーにはやたらと威張るのに、幹部の前に出ると途端に文句ひとつ言えなくなるヒラメリーダーに心当たりがある人もいるでしょう。

このように、人は複数の顔をもっていることを知っていれば、目の前の人が無愛想でどうにもとっつきにくく、話を伝えにくいという印象を受けても、「待てよ、この人だってどこかで人間臭い顔を見せているに違いない。なんとかしてそれを引き出してみよう」という発想ができるはずです。

ためしにペットの話をふったら、たちまち相好を崩して愛猫の話を始め、それで心を開いてくれたということになるかもしれません。

手は見える位置に

変えられるのは、自分の考え方や見方だけとはかぎりません。アプローチの仕方だって変えるのは可能です。

話すときの姿勢、話すスピードや声の大きさ、相槌の言葉など、こうすれば相手がもっと話しやすくなるのではないかと思ったことは、何でもやってみたほうがいい。

手は見える位置に。**机の上に出して、手の表情を豊かにしてみてください**。相手と同じアクションをすると親近感も増します。手を机の下においてて見えなくするのは禁物です。〝手の内を見せない〟何かを隠していると思われます。

まったく目を合わせないのは論外です。ぜひ、目を合わせてください。とはいえ、会話のときに、目をじっと見られているとどうでしょうか。日本人は、何だか照れがあったりもして、違和感を感じる人のほうが多いようです。

たまには、目線を少し下げてネクタイの結び目を見るなどしてまた戻す、というくらいがちょうどいいようです。まったく違うところを見られては、かえって「なにかな？　興味ないのかな？」と思って気になります。

アイコンタクトのことでいえば、日本人以外のほとんどの外国人は、じっと目を見て話さない人は信頼がおけないと思う傾向が強いのです。これは、異文化コミュニケーションで最も気をつけるべきことのひとつです。

余計な解釈を加えると嫌われる

それから、相手の言った文章の最後の部分をただそのまま、オウム返しに繰り返す。これも効果的です。たとえば、

①「それが、2カ月前だったんです」→「2カ月前だったんですね」

②「かなりむずかしいと思って心配しました」→「心配したんですね」

このとき、勝手な解釈に変えたり推測を付け加えてしまう人は要注意。

①→「ずいぶん遅れてしまって、結局2カ月前だったんですね」

②→「手ごわい案件で心配だったのですね」

たとえ自分なりの解釈が正しくても、やめておいたほうがいいです。

なぜなら、とくにあなたとうまくいかないタイプの人は、勝手に解釈されるとムッときて「違う」と感じてしまう方が多いはずです。

「一言多いなー！　だからイヤなんだよ」……気をつけましょう。


そして、もちろん笑顔。

そのこと自体では効果が出なくても、あなたが態度や行動を変えれば、それは相手に伝わります。その結果、相手の心に「ああ、この人は私のためにいろいろ努力してくれているんだ」という感情が芽生えたら協力しようという気持ちになるからです。

こうして、自分の思い込みというあたまのバリアを取り去ることによって、初めて相手のこころのバリアが少しずつ解けていく。まずは、自分を変えることです。

まとめ

自分のあたまのバリアを取り去れば、相手のこころのバリアは解けていく

こんな言い方はNG！

1 かなり前のことを今さら？
2 あいまいな状況説明
3 一般化・抽象化した表現
4 第3者の意見「課長が…」
5 ほめる話（プラス面）といやな話（マイナス面）を一度に伝える
6 精神分析をして人を評価
7 自分の経験を中心に語る
8 前置き、枕詞を不用意につける
9 断定した表現を使う「ゼッタイ」
10 指摘のあと、問題解決しようとする（⇒おせっかい）

3 「聴き手のために集中して話す」を肝に銘じる

自分のために話していない？

若者同士のトーク番組や、「朝まで生テレビ」などのような討論番組があります。見ているときにイラッときたり、「何それ!?」なんていう気持ちになったこと、ありませんか？

どんな人のどんな意見にも、ハーバード大学のマイケル・サンデル教授のように、冷静に相手を尊重して接することができる人はまれでしょう。

なぜでしょうか。アメリカの大学では、学生からの教授評価はシビアです。多くの学生の前でコミュニケーションをするということは、それだけ厳しい目にさらされます。「尊重されていない」と感じた相手は、厳しくマイナス評価をします。だから相手に対して敏感になるのでしょう。

しかし普通の人は、そのような評価の目にさらされることは稀です。

一度、相手を尊重してずっと見続けてみてください。いい悪い、賛成反対、好き嫌いではなく、「ふーむ、そう思うのか」と、**ただ相手の言っていることをそのまま受け止めてみる**のです。

できれば、「それって、すごいかもしれない」というように、反対意見を新しい視点として楽しむ。逆張りをして、なぜそう思うのだろう？ と、その人の視点を想像してみる。そうすると、たしかにまったく反対の意見にも一理あるということに気がつきます。

コラム❹で、研修で受講生の考えたＨｏｗツリーを、その人たちよりもうまく説明できるという話を紹介しました。

きっと本人たちも気がついていない点と点をつないで、意味をもたせることを意識して長年やってきているからだと思います。いつも、何にでも意味を探るのです。

もうひとつ、見えないコツとして重要なのが、聴き手に対して伝えることに集中しているという姿勢です。

「この人が聴きたいことは何？」を考えながら伝える。そのためには、**聴き手を「ありがたいサポーター」として見ているかどうかが違いを生み出します。**

いま目の前にいる人たちは、Ｈｏｗツリーのたたき台を、より価値のあるいいものに一緒になって考えてくれる大切な人です。そんな聴き手のために伝えようとする。

一方、緊張してうまく伝わらないグループの発表者は、おそらく聴き手を「自分たちの評価者」または「反論者」と思っているのではないでしょうか。

だとしたら、無意識のうちに、聴き手のためではなく、自分たちのために話してしまいますね。自分の聴き手への見方を客観的に見つめる意識をもって見てください。

自分の思いにとらわれて、自分中心の見方をしていないでしょうか？　一度、バルコニーに上って、自分を客観的に見てみませんか。

まとめ

反対意見を楽しめるようになれば〝伝える達人〟

相手を尊重して聴くレベルを高める

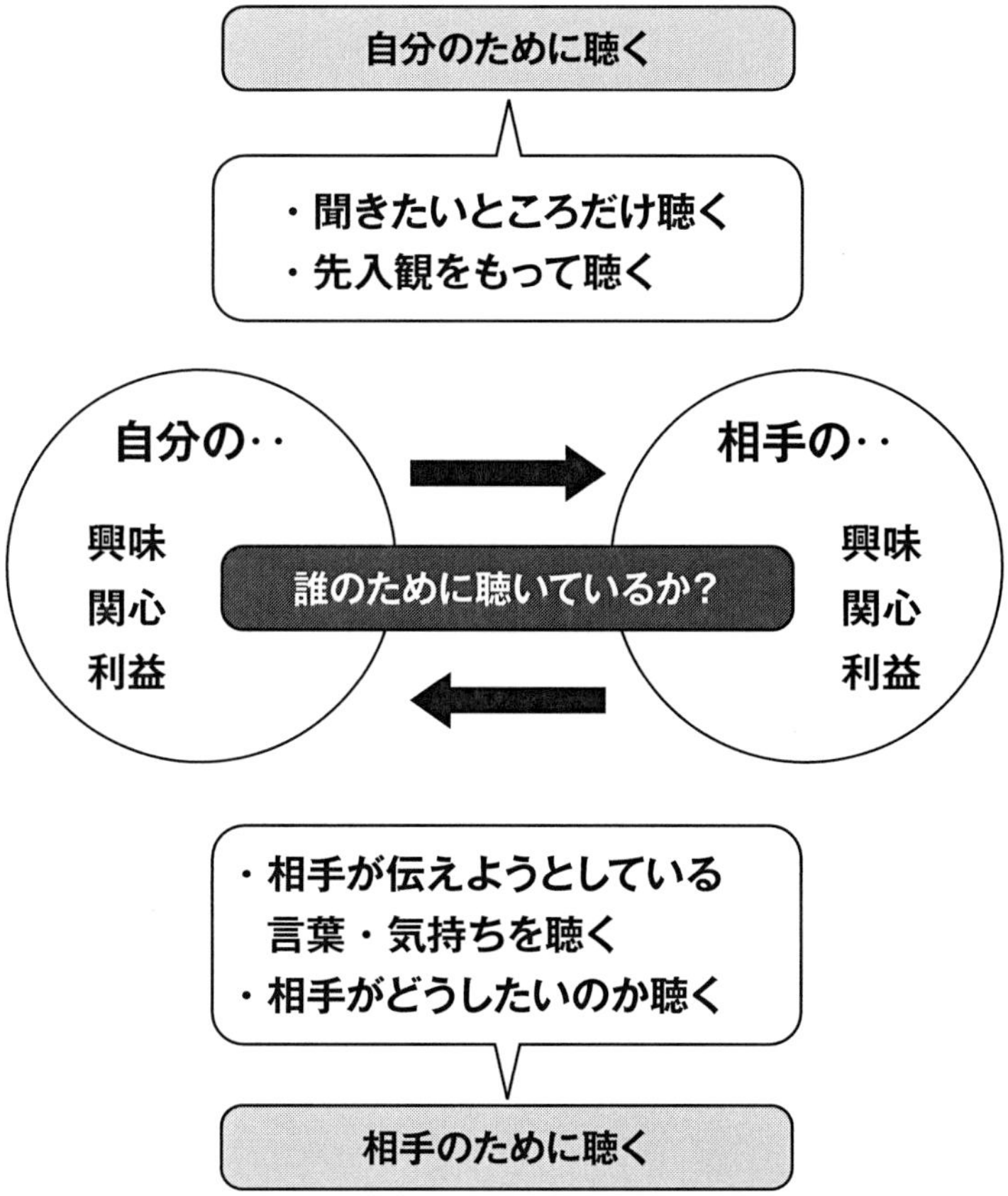
自分のために聴く
・聞きたいところだけ聴く
・先入観をもって聴く
自分の‥
興味
関心
利益
相手の‥
興味
関心
利益
誰のために聴いているか？
・相手が伝えようとしている
言葉・気持ちを聴く
・相手がどうしたいのか聴く
相手のために聴く

相手に関心をもち、相手のために聴く！

【コラム❺】コンサルタントの折衝力

毒のある言葉や嫌みな言い方は、折衝の場でも決してプラスには働きません。相手をギャフンと言わせるということが目的ではないのです。21世紀は、議論ではなく、対話の時代。ディベートのように、相手を打ち負かすスタイルは古い。わざと感情を出すように誘導するというタイプもまだまだいますが、くれぐれも乗らないように。

しかし、相手がヒートアップしてくると、ついこちらもカチンときて、バトルに発展なんてこともありますよね。売り言葉に買い言葉。子供の喧嘩。

「おたくたちが、この価格でお願いしますと言ったんじゃないか！」

「なに?! それなら言わせてもらいますが、こんな品質じゃ製品とは言えない！」

こんな応酬にならないように。

そのままエスカレートすると、互いの信頼関係も崩れてしまいます。そうならないためには、その人の発言と、その人自身は違うものと思って接しましょう。ビジネスの場では、ひとはそれぞれの立場・役割があります。一人の人間としては「あなたの言っていることは正しい」とわかっている人もいるものです。ただし、だから『ご要望どおり価格を下げます』とはいかない。そういうものです。

罪を憎んで人を憎まず。言動に対する反応と、その人の人格に対する反応を混ぜてしまうと、せっかくの対話も聴き入れてもらえない状態になりがちです。自分が知らないうちに、人を傷つけていたり、マイナス感情を抱かせていたりします。

折衝の際には、「常に何をゴールとしているのか?」を見失わないでいる冷静さが必要です。そして、相手の目線でロジックを組んでみること。自分が相手だったら、どういう根拠を元に論理展開してくるかを、徹底的に事前に考えておくことです。

どこが落とし所になりそうか?

こちらが絶対に譲れないポイントはどこか?

相手が、条件によってはここならば譲歩できるというポイントはどこか?

こうした折衝を自分の中で仮説で構築しておく。そして、できるだけ目先の細かい話に入り込まないように、互いの長い目でのパートナー関係のメリットを強調する。

利害の不一致で虫の目になりがちな折衝を、時間軸を伸ばして高い視点で鳥の目にまで引き上げること。ツリーを思い描いて俯瞰してください。

スキル❻
相手が肯定的に思う見え方

相手からのマイナス意識を少なくする

1 あなたはフィルター越しに見られている

どうにもこうにも相性の悪い人はいる

さて、6つめのスキルです。

論理的にも理解できるし、興味をもてる内容。質問してくれたので不明瞭だったことは確認できたし、こちらの「?」をよく理解して話を聴いてくれた。その意味ではさすがプロだな〜と感心した。

初めは、こちらを見下しているかなと思ったけど、そんなことはなくて、とても尊重している姿勢が伝わってきた……。でも？

これでも、まだ「でも？」というときがあるのです。

それは、相手のあなたに対するこころのバリアです。**相手の思い込み、何かのボタンの掛け違い。または完全に相性の問題。**前世での因縁と思えるほど、会ったときから何か負のバリアを感じている。ともかくイヤ。

こんなケースは、バリアを溶かすのは大変です。

万人に認めていただこうというのは土台無理。みんなに好かれるのも不可能。ごく少数の人の反応に敏感になることが、自分の成長につながっているでしょうか。

あまり固執すると、かえって依存状態になってしまいます。中毒状態です。

とらわれの身とならないように、ある程度距離を置いたほうがいい場合もあります。

４つのスキルを磨いて努力を重ね、自分を見つめて自分の相手へのマイナスや否定の思い込みは、取り去る努力（**スキル❺**）もしているのであれば、自信をもってください。どうにもこうにも相性の悪い人はいます。

また、人を操作することが得意な人もいます。人の心をもてあそぶタイプです。とくに自責の強い人は、あなた自身が悪い影響を受けてしまわないように、“That is your business”（それは、あなたの問題です）という客観的な視点も大切です。

どんなイメージをもたれている？

一方で、「相手がどうしようもない」「時間がない」「相手の能力がない」と他責ばかり、案外と自分のことが見えていないことも多いものです。

次のケース、あなたの職場でも似たようなことがありませんか？

A課長は、課の若手社員が会議やクライアントとの打ち合わせにしばしば遅れることに頭を抱えていました。

「時間を守れ、遅刻をするな」

注意をするとしばらくは改まるのですが、すぐにまた元に戻ってしまいます。時には厳しく怒鳴りつけ、時には諭すようにというように、言い方をいろいろ工夫してみても、いっこうに効果がありません。

「いまどきの若いヤツらには何を言っても無駄だ」

しまいにはA課長もさじを投げてしまいました。

ところが、A課長が転勤になり、新しく来たB課長がマネジメントするようになってしばらく経つと、若手社員の遅刻がピタリとなくなったのです。

といっても、B課長が何か特別なことをしたわけではありません。メンバーが遅れるとその場で「遅刻をするな」と注意をするくらい。そして、これはA課長もやっていたことです。

では、いったい何が違ったのでしょう?

B課長の話のほうがロジカルやナラティブだったとか、遅刻のたびにその理由を質問し、メンバーの適当な言い訳にもじっと耳を傾けてくれたとかいうことではありません。

正解は、二人に対しメンバーが抱いたイメージの違いです。

A課長はメンバーに時間を守れと言っておきながら、自分も始業時間ギリギリに駆け込んでくるような人でした。

一方、B課長は、出社はいつも朝一番、会議のときは10分前には必ず席に着いているという、きわめて時間にきっちりのタイプです。その分、会議の終了時間もずらさないし、残業も最小限におさえています。

いくらA課長が時間を守れと口を酸っぱくして言ったところで、A課長自身が時間にルーズなのですから、それはメンバーだって真剣に聞こうとは思わないでしょう。心のなかで「そういうお前はどうなんだよ」と悪態をついていたことは容易に想像がつきます。

しかし、B課長は自分自身が人一倍、時間を大切にして生きています。そういう人が、時間を守ることがビジネスパーソンにとっていかに重要かという話をすれば、これは心にすっと入ってきます。


このように、**話の伝わり方というのは、話す人によっても相当左右されます**。自分の話が伝わりにくいと感じている人は、もしかしたら「はなす」「きく」ではなく、あなた自身の見え方・見られ方に原因があるのかもしれません。そういう可能性を考

あなたはどのタイプだと思われている？

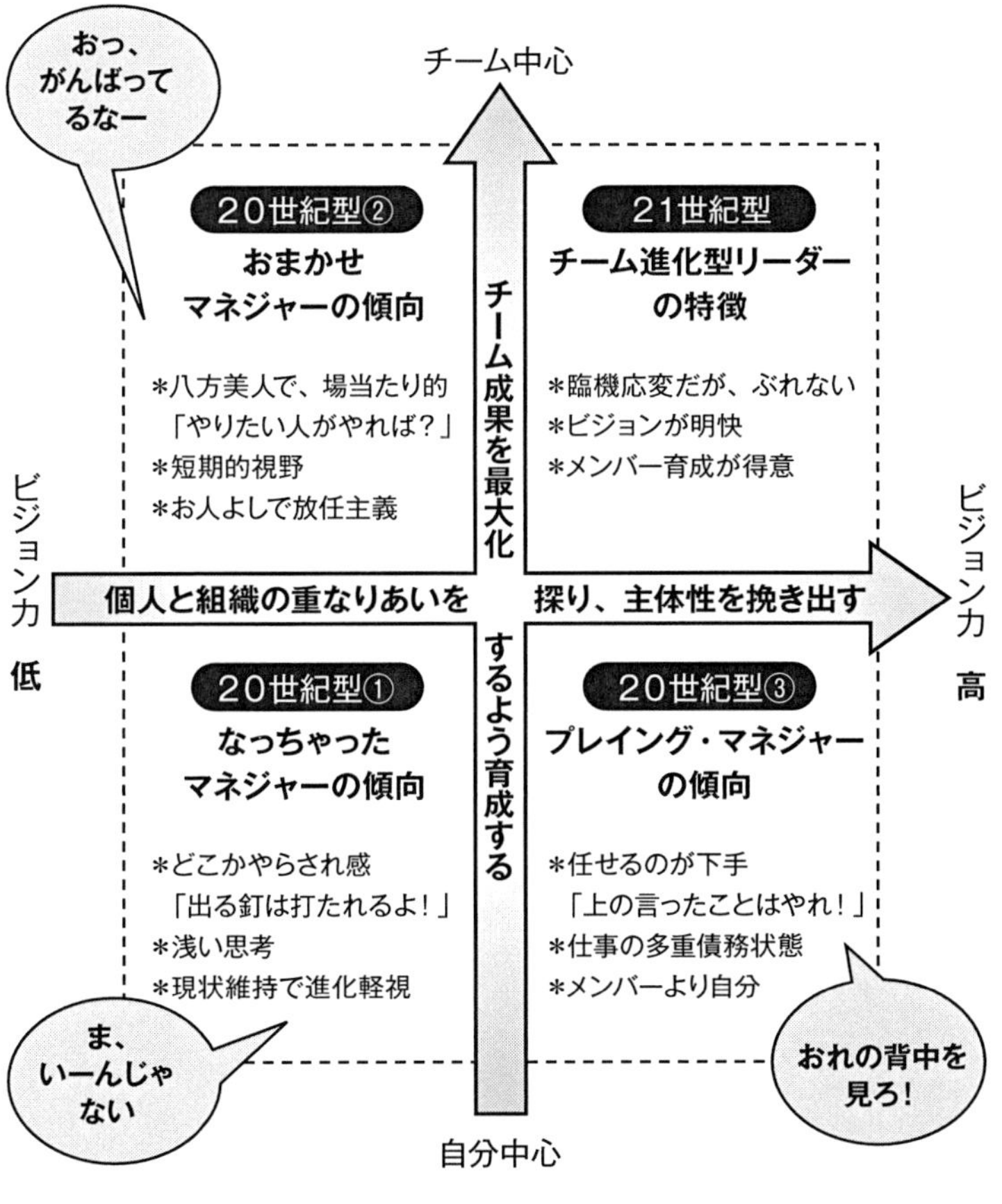
チーム中心
自分中心
ビジョン力 低
ビジョン力 高
チーム成果を最大化するよう育成する
個人と組織の重なりあいを探り、主体性を挽き出す
おっ、がんばってるなー
20世紀型②
おまかせマネジャーの傾向
＊八方美人で、場当たり的「やりたい人がやれば？」
＊短期的視野
＊お人よしで放任主義
21世紀型
チーム進化型リーダーの特徴
＊臨機応変だが、ぶれない
＊ビジョンが明快
＊メンバー育成が得意
20世紀型①
なっちゃったマネジャーの傾向
＊どこかやらされ感「出る釘は打たれるよ！」
＊浅い思考
＊現状維持で進化軽視
20世紀型③
プレイング・マネジャーの傾向
＊任せるのが下手「上の言ったことはやれ！」
＊仕事の多重債務状態
＊メンバーより自分
ま、いーんじゃない
おれの背中を見ろ！

えると、「なるほど……もしや……」と思いあたることもあるのではないでしょうか。

とくに、同じ職場の人やプロジェクトのメンバーなど、日ごろ一緒にいる機会の多い人は、あなたに対して、なんらかのイメージをもっているはずです。言葉を換えれば、イメージというフィルターを一枚通してあなたの話を聴いていることになります。

そのフィルターがいい方向に作用してくれていればいいのですが、そうではなくバリアとなってあなたの話を伝わりにくくしているようなら、まずはそれを外してもらうことです。

それをせず、「はなす」「きく」ばかりを一生懸命習慣づけても、労多くして功少なしということになりかねません。

フィルターを外すには?

では、フィルターを外すにはどうしたらいいのでしょうか。

よく、自分のことを理解してもらいたいがために、相手に思い切りすり寄る人がいます。

コンサルタントでも経験が浅いうちは、社員の共感を得ようと一緒になって経営者に要求を突きつけたり、そうかと思えば経営者側に立って「あなたたちは経営者の苦労がわかっていない」と社員に向かって説教をしたりというようなことをしてしまいがちです。

でも、「私はあなたの味方です」という態度をとれば、ネガティブなフィルターを外してくれると思ったら大間違い。コンサルタントであれば信頼を得るのは、自分たちの側にいて気持ちを代弁してくれる人よりも、中庸のスタンスから、「会社にとって一番いい問題解決はこうだ」という話をしてくれる、視点の高い人のほうなのです。

相手のフィルター、とくにネガティブなそれを外すには、客観的に事実ベースで伝えること。あいまいにではなく、具体的に伝えることです。

まとめ

人はイメージというフィルターを通して
あなたの話を聴いている

2 ネガティブ・フィルターは日々の積み重ねでできる

何気ない一言、しぐさがあなたを印象づけている

ごく限られた人にしか伝わらない。

ごく限られたテーマでないと伝わらない。

自分自身に枠をつけてしまい、コミュニケーションでストレスを感じやすいタイプの人は、実は周りの人にもストレスをかけています。

同じフィルターでも、この人の話は信用できると相手が勝手に思ってくれるポジティブなフィルターなら大歓迎ですね。期待値が高すぎてプレッシャーという場合もあるかもしれませんが、少し無理してでも期待値を維持しようとしていれば、おのずと自分が変わってきます。

そこで、どうしたらそう思ってもらえるかを考えてみましょう。

企業イメージと同様に、人は勝手に相手に対していろいろなイメージ・印象を抱いています。初対面、または会う前に人から聴いていたイメージと、親しくなってからのイメージが変わることがあります。


あなたの印象や評判はどうやって決まるのでしょう。それは、**あなたの日常の小さな行いの積み重ねがベース**です。なので、日ごろから自分を客観的に見るという意識があると、ずいぶん印象も変わります。

あなたは、あなたという人間の広告塔そのものです。あなたの行いが良ければ、いい印象や評判。反対に悪ければ、陰でボロボロに言われている可能性がありますよね。

あなたのなかにある情報は、あなたという人間を媒介にして外部に伝えられるのですから、そういう意味では、あなたはまさに新聞やテレビと同じメディアなのです。


しかも、情報を伝えるというメディアとしての機能を果たすのは、会議で発言したり、プレゼンテーションでホワイトボードの前に立ったりしたときだけではありません。家族との何気ないおしゃべりも情報発信なら、あなたが今朝、選んで身につけたジャケットやネクタイも情報発信。

つまり、あなたは会社や家庭で、常にメディアとして機能し続けているのです。

そうやって**日々情報をアウトプットしているうちに、周囲の人に対するあなたの見方が固まってきます**。何気ないひと言や、些細な行動の積み重ね、それがフィルターの正体なのです。

「でも」「だって」「だから」は禁句

たとえばネガティブ・フィルターにつながるような口癖がある人は、それを直すだけで、見え方をポジティブに変えることができます。

あなたのイメージを悪くし、信用を失わせる代表的な口癖が「でも」「だって」「だから」。自分は使っていないと思っていても、反論の意見を述べるときに意外と無意識にこれらの言葉を使っていたりするものです。

「でも」「だって」というのは、相手の言っていることの否定です。そして、**否定するのは自分を守りたいからにほかなりません**。

人は「自分の視点」から見るので完璧はムリ

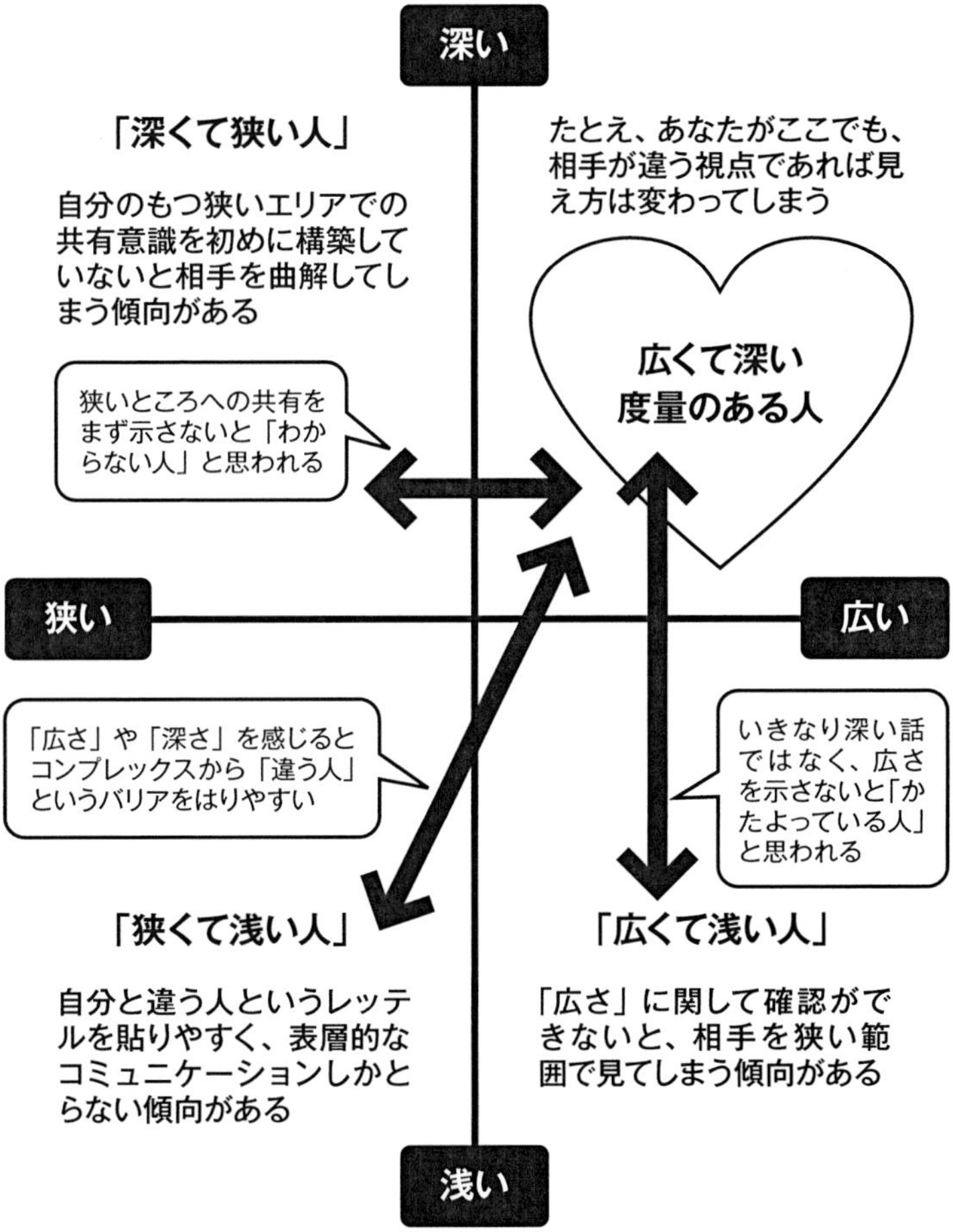
深い
「深くて狭い人」
自分のもつ狭いエリアでの共有意識を初めに構築していないと相手を曲解してしまう傾向がある
狭いところへの共有をまず示さないと「わからない人」と思われる
たとえ、あなたがここでも、相手が違う視点であれば見え方は変わってしまう
広くて深い度量のある人
狭い
広い
「広さ」や「深さ」を感じるとコンプレックスから「違う人」というバリアをはりやすい
いきなり深い話ではなく、広さを示さないと「かたよっている人」と思われる
「狭くて浅い人」
自分と違う人というレッテルを貼りやすく、表層的なコミュニケーションしかとらない傾向がある
「広くて浅い人」
「広さ」に関して確認ができないと、相手を狭い範囲で見てしまう傾向がある
浅い

「でも、どうしても間に合わなかったのです」

「だって、突然翌日まで資料を用意しろと言われたって、そんなの無理ですよ」

これらは要するに、自分は悪くない、うまくいかなかったのは状況のせいだと言っているのです。

普段から、**「でも」や「だって」が頻繁に会話に出てくる人は、「私は自分中心の人間です」と周囲に宣伝して回っているのと同じだと思ってください。**もちろん、そういう人の言うことを、誰も進んで信用しようとは思わないので、話は当然伝わりにくくなります。


話の頭にいきなり置かれる「だから」も非常に危険。

「だから、今日のミーティングは午後6時から第3会議室です」

「だから、この見積もりでは難しいと思います」

本人は何も感じていないかもしれませんが、聴いているほうはこう言われると「そんなことも知らないの？」とバカにされているような気持ちになります。

この「だから」が好きな人は、相手とは対等ではなく、常に自分のほうが上に立った状態でいたいのかもしれません。

このほかにも、わざわざあなたのイメージを損ね、話を伝えにくくするような口癖はいくつもあります。電話での会話を録音するなどして、一度確認してみるといいのではないでしょうか。

否定には「ちょっと」をつけると和らぐ

一方で、口癖には周囲にいい印象を与えるものもあります。もちろんそういうものはどんどん使ったほうがいいですよね。

「ちょっとこういう言い方もできませんか?」「それはちょっとお勧めしかねます」というように、それを直接言うとキツくなるような場合、和らげる意味で「ちょっと」という単語を加えるのもひとつです。

また、何かを指摘するときは、その目的を忘れないこと。相手のために、と思って指摘するのであって、そうでないのなら言わないほうがいいです。

言いにくい指摘でも、「もったいない」というと少し和らぎます。相手の秘めた力や価値を挽き出すための「もったいない」であれば、アドバイスを素直に受け止められる人も多いのではないでしょうか。

とはいえ、なにごともあまり多すぎると話が回りくどくなるし、耳についてくる。そうなると逆効果です。

バカ丁寧なのも、なんだか上から目線……。慇懃無礼《いんぎんぶれい》というのでしょうか。丁寧に尊重して言っているつもりでも、「上から目線」と指摘されるご時世。だんだん話すのが怖くなってきます。

しかし、こうした言い回しも、意味と効果をわかったうえで意識して使っていれば問題はありません。口癖は、無意識に出てしまい、それを自分がコントロールできないから危険なのです。

まとめ

口癖で見え方は180度変わる

口癖一覧

ポジティブな口癖	ネガティブな口癖
ありがとう	すみません
うれしい	つまらない
楽しい	くだらない
とても助かる	どうだろう……
すごい!	ダメじゃないの
いいじゃない!	うちでは無理
できる	できない
まだまだ	もう
すき!	どうせ
～したい	きらい
それなら	苦手
ともかくやってみよう	でも
一緒に考えよう	だけど
～もあったら完璧	あきらめてるから
そうなんだ!	前例がない
	せめて～してくれれば……
	それで……?

今日、何回言いましたか?

言ってませんか?

↓ 自然と自分にも周りにも笑顔が生まれる!

↓ すぐにSTOP!周りへ公害を流していることに気づいて!

3 相手目線で自分を見つめてみる

メディア力のある人とは？

話をする前から「この人は信用できそう」と思われたら、伝わりやすいのは当たり前ですね。

こういう人を〝メディア力がある〟と言います。つまり、発信する話を、聴き手側に初めから信頼していただくことができるタイプの人です。その人自身が、「発信するメディア」として信頼性があるということです。

このメディア力を左右するのは、もちろん日ごろの言動や態度です。とくに、メディア力が高い人は、自分が周りからどう見られているかということがよくわかっていて、なおかつそれをうまく活かしながら話をするという意識をもっています。

日本の政治家では、四の五の言わず、要点をひと言でズバリと言い切ることで国民の心をつかんだ小泉純一郎元総理のメディア力がすぐに頭に浮かびます。その息子の小泉進次郎氏も、なかなか鋭い言語感覚をもっています。

２００９年に、前年に引退した父純一郎氏の跡を継ぐ形で衆議院議員選挙に出馬した小泉ジュニアは見事に当選。その直後のインタビューで、レポーターから「どんな政治家になりたいですか？」と聞かれ、彼はこう答えました。

「国民に、
総理大臣になってほしいと思ってもらえる政治家
になりたいと思います」

これが、
「いつか総理大臣になりたい。なればいいと思っています」
では、どうでしょうか？

印象はまったく違いますね。なぜかというと、後者は自分が主体なので、視聴者にはどこか他人事に聞こえてしまうのです。

ところが「国民に、総理大臣になってほしい……」だと、そこには、政治家としてなにごとかを国民のために成し遂げ、その結果国民から総理になってほしいと望まれるという物語が立ち上がってきます。

これを聴いた人は、小泉進次郎というのは総理大臣になるのが目的ではなく、国民に総理大臣になってほしいと思われる政治家になろうとしているのだと思うでしょう。だから好感度も上がるはずです。

こういう言葉の使い方がとっさにできる小泉進次郎氏は、父親に負けず劣らずのメディア力の持ち主だと見ていいでしょう。相手目線で自分自身を客観的に見つめることができるということです。

意見はOK、でも言い方に問題が！

企業の社長にもメディア力の高い人がたくさんいます。208ページにスピーチの実例を挙げておきますので、参考にしてみてください。

「暴力はよくない」
「他人には親切にするべきだ」
これを聞いて「それは違う」と反対する人は、よもやいないでしょう。しかし、「そうだったのか！」「まさに目からうろこが落ちた」とも、誰も思わないはずです。なぜなら、それは正論だからです。そして、正論をもっともらしく口にする人は、たいてい周囲から好印象をもたれていません。

いくら頭では正しいとわかっていても、そのまま実行できないのが人間です。だからみんな悩み、苦しむのだし、それをどうにかするために対話が必要なのではないでしょうか。

それなのに、「正しいのはこれ！」と一喝してしまえば、そこで対話は終わってしまいます。

すぐに正論を言いたがる人は、もしかしたら自分の悩みや弱さをさらけだすのがイヤなのではないかと自分を振り返ってみてください。だから、いつも正論で一刀両断して、相手に有無を言わせない状況をつくり、内面に踏み込まれないうちに対話を終わらせようとしているのではないか、と。

経営者として
でなく、
一人の人間として
という
姿勢が伝わる

単なる従業員としてではなく、人間として気にかけていることを、身をもって示さなくてはならない。私自身は誰かと話をするときは、世界にその人しかいないと考える。それが相手への義務だ。そしてたいていの人はとても興味深い。

サウスウエストの従業員たちと一緒にいるのは、私の仕事のなかでもっとも見返りが大きく、ワクワクできる部分だ。

社員のみんな
へとつなげる
終わり方

サウスウエスト航空創始者兼会長　ハーブ・ケレハー氏のスピーチ

私に一番大きな影響を与えたのは母だ。

とても身近な存在に感じさせてくれる

母から学んだことは、本当にたくさんある。

中でもとくに心に残っているのは、“相手の地位や役職に関係なく、ありのままの人間として信頼し、尊敬しなければならない”というアドバイスだ。

ナラティブスピーチの手法でオープン

私は母の教えを守り、表層的な基準で人を判断しないよう務めている。

お母さんのファンになり、その息子である本人の見え方も変わるあるいは、誰もがそれを真実だと思っていることを言うのは、ただ単に非難されたくないだけなのかもしれません。

いずれにせよ、そういう場合、自分を守りたいという気持ちが強すぎて、そんな見え方になっているかもしれません。相手からどう見えているかを感じ取る余裕がないのかも。そうしたバリアが透けて見えてしまうからイヤがられるのであって、正論自体に問題があるわけではないのです。

「正しいことを言っていれば、周りは信用してついてきてくれるはずだ」

残念ながらそんなに単純なものではないですよね。**弱点も含め、自分はこういう人間だということをオープンにする。これこそが人から信用される最大の秘訣です。**

大事なのは、自分が正しいかどうかではありません。この人は私たちと信頼関係を築くために、自分のすべてを包み隠さず私たちの前にオープンにしてくれているのだと、いかにして相手にわかってもらうか、なのです。

誰しも人からよく思われたいし、たとえ無理している部分があったとしても、少なくとも努力はしていきたい。そんな気持ちはかわいいですよね。

人が心を許すのは、かたい殻で自分を守ってまったく隙が見えない人より、隙だらけの人のほうなのです。ビジネスでは、隙だらけは困りますから、脇をかためながらもたおやかでいてください。

ついでに言えば、謝るのは決して悪いことではないし、謝ったからといって信頼が損なわれることもありません。むしろ、自分を正当化しようと頑なに謝罪を拒否するほうが、長い目で見れば自分の価値を貶めると言えます。

意識して同じ呼吸のペースをつくる

「それって、きれいごとですよね」

と言われたら、何と感じますか？　何と答えますか？

「きれいだけれど、現実的ではない」

「現実を見ていない」

「あなたはそういう人」

というように、人への評価も含まれているように受け止める人もいるでしょう。

〝それ〟という対象への指摘だけでなく、話し手自身に対してという解釈です。

言葉への感度は、人によってさまざまです。

「あのーかなりひどいこと、言われてますよ」と言ってもわからないくらい鈍感な人もいれば、とても敏感で人の言葉に反応しっぱなしの人もいます。

こういうとき、言葉を単なる〝ことば〟としてとらえるのがいいでしょう。自己流の解釈をしないということです。

「たしかに、〝きれいなこと〟です。そして、私はきれいなことを実現していきたいと思っています」

「何か、他にいいご意見があれば、ぜひ聴かせてください」

自分の見え方が、相手に対してマイナスのイメージだと感じた場合、互いの息をそろえてもらうような工夫をしてみてください。

「なんだか換気がよくないですよね」と言って、部屋の窓を開けて深呼吸。

「一息、いれましょうか」と言って、中断。

自分で肩や上半身を1回動かしてみたり、息を大きく吐き切ってみたり。または、あえてゆっくりしゃべって、間をたっぷりとってみましょう。

そうすることで、聴いている相手も間をとる。

相手がもつマイナスの意見を吐き出していただくのが一番ですから、できるだけこちらは黙ってゆっくり息をして待つ。

そして、同じ呼吸のペースになってくると、不思議といい空間が創られます。

まさに、「息が合ってくる」のです。

まとめ

相手のマイナス意見を吐き出してもらう。こちらはゆっくり呼吸をして待つ

4 パッションは目的意識があってこそ生まれる

「絶対にこれを伝えるのだ！」

異国の地で街を散策中、突然腹痛に見舞われました。激しい痛みに顔から血の気が失せ、背中には冷や汗が滝のように流れています。

どこに病院があるかもわからないし、だいたい言葉が通じる自信がありません。

でも、痛みはどんどんひどくなってきます。

このままでは死んでしまうかもしれない。

さあ、あなたはどうしますか？

身近にいる人をつかまえて、身振り手振りで必死に自分の状態を説明するはずです。

そして、おそらくあなたの言いたいことは伝わり、病院で手当てを受けるというあなたの望みは叶えられます。

このように、生きるか死ぬかの瀬戸際に立たされれば、どんな人でも超人的なコミュニケーション能力を発揮し、言葉も通じない人に自分の言いたいことを伝えられるようになるのです。

ここまで、ロジカルな話し方、ナラティブな語り方、訊き方、聴き方、見方、見え方というように、どうしたら伝わるかということを、段階を踏んで考えてきました。スキル的なことは、ほぼ語りつくしたと言っていいでしょう。

しかし、伝えるという行為を成功させるためには、スキルのほかにもうひとつ大事なことがあります。

それは、「絶対にこれを伝えるのだ！」というパッションです。

これが弱ければどんなにスキルを尽くしても、所詮それは小手先にすぎず、あなたのメッセージに、相手を変えたり行動を起こさせたりする力が宿ることはありません。

そして、このパッションというのは、誰かに何かを伝えるという目的があってこそ生まれるものです。

大航海時代に、スペインやポルトガルから南米やアフリカで布教活動を行った宣教師を考えてみてください。言葉も通じず知己もいない異国の地で、何の予備知識ももたない現地の人たちに対し布教活動を行う。

そんなことができるのかと思いたくなりますが、彼らがそれをやり遂げ、世界中にキリスト教を広めたのは周知のとおり。

人類の歴史上、世界でもっとも多くの人に（便宜上の）誕生日をお祝いしてもらっているのは、今から約２０００年前にベツレヘムに生まれ、33歳でこの世を去ったと言われている人です。

そんな奇跡のようなことを起こせたのは、彼らのキリスト教を布教するという目的意識と使命感が、私たちの想像を絶するほど強いものだったからです。

弊社は、マダガスカルで活躍している日本人シスターたちを支援しています。

70歳を超えて、なおイキイキと毎月１００人の赤ちゃんを取り上げている助産師のシスター牧野。

「日本になんて帰りたくない。ここが自分の居場所」

とびっきりの笑顔でごくごく自然に言い切りました。

ひるがえって私たちは、日ごろどれほど強い目的意識や使命感をもって、自分たちの思いを相手に伝えようとしているのか考えてみてください。

たとえば、営業は商品やサービスを売るのが仕事です。では、それを自分の使命と自覚し、「絶対にこの商品やサービスのよさを伝えてくるのだ」と、宣教師のような強い目的意識をもってお客さんのところに向かう人が、どれくらいいるでしょうか。

絶対に伝えてみせるという強烈なパッションがあれば、たとえ言葉が通じなくてもその思いを伝えることはできます。

そのうえに、伝えるためのスキルを身につけているなら、たとえ海外でも大丈夫。もう怖いものはありません。

プロローグにあった課内会議を思い返してみましょう。

もし、こんなふうに伝えたら、もっと多くのメンバーが依頼の意味を理解して、納得して喜んで報告シートを提出してくれたのではないでしょうか。

「工藤取締役に、数名から報告して終わり、ということもあり得ます。

それが、現実的なのかもしれない。

でも……。

一人でも多くのみんなに、直接、関わってほしいのです。

われわれ一人ひとりの声がつながって、うちの会社や商品の魅力が伝わる。

そんな絶好の機会にしたいのです。

みんなからの報告を最大限反映した収録にするために、現場の想いがひしひしと伝わってくる真剣なレポートを送ってもらいたい。

取締役には必ず、一つひとつに目を通していただき、われわれの苦労や喜びを汲み取ってもらうことを約束します。

みなさん、次回の課会までに各自からの報告書の送付を、なにとぞよろしくお願いします」


いかがですか？

プロローグの25ページのままでは伝わりませんでしたが、スキル1で学んだ4W1Hの構成での話のあとに、いまのような依頼があったとしたら、聴いている側の印象は大きく違うのではないでしょうか。

スキル1⬇「何が言いたいのかが明確になっている」
スキル2⬇「自分の言葉で語りかけている」
スキル3⬇「相手の意見を訊いて活用している」
スキル4⬇「相手の表情・反応からも聴いている」
スキル5⬇「相手の働きを尊重している」
スキル6⬇「自分のためではなく会社やみんなのために行動している」

といったことが、プロローグでの言い方より、聴く側に伝わったのではないでしょうか。

伝わるために、何をどうしたらいいのか？

ここまで、3つの習慣＆6つのスキルを見てきました。
できていると思えることと、弱いと思えること。

「伝わらなかったようだ」と感じたとき、いったいいまの話で、自分には何が欠けていたのかがわかるようになっていただきたいと思います。おそらく、ひとつではなくて、いくつかのスキルが関係しています。

この本の最後に、スキルではなく、パッションの話で終わらせるのは、理由があります。6つのスキルの必要性に気がつくのも、そのスキルを身につけたい、またはもっと活用したいと思うのも、「伝えたい！」という強い思いがあるからにほかなりません。

そういう意味ではまさに、伝わるためには〝伝えたい！〟が必要なのです。それがあって初めて、「あたまのギャップ」と「こころのギャップ」を乗り越えていきたくなります。

「伝わる」の最終のゴールは、自分の伝えたいことが相手と一致できて、それが行動につながることです。

「人に動いていただく」ためには、自分が動かなくてはなりません。

「このままでいいや」ではなく、「もっと伝わる」ための習慣をぜひ、身につけてください。

そして、自分の「伝える力」に自信をもって、自分の人生と、組織や社会の未来を拓いていくビジネスパーソンが一人でも増えることを願っております。

【コラム❻】コンサルタントの謝罪力

謝罪は対応が早ければ早いほど、真摯な姿勢が伝わります。

謝罪は逃げたい場合もあるでしょう。また誤解もはなはだしいという類もあります。

しかし、ともかく先手必勝で対応すべきです。後手後手になるほど、余計に工数も精神面も負担がかかります。


何かトラブルがあったときに、人間力が見えます。

どんなことからも学ぼうという姿勢のある人は伸びる。

また、他責ではなく自責の人は、周りがついていきたくなる。

つまり、逃げないで向き合ってみることで、課題解決リーダーとしての力量が上がるというものです。

ただし、何でもかんでも駆けつけ平謝りではダメです。謝るべきポイントと、貫くべき道理というものは、明確に持っているべきです。

相手が何に対して腹を立てているのか、まずそれを明確にしましょう。実際に起こった客観的事実なのか、その人の主観なのか。また、事実そのものに対して怒っているのか、会社（社員）の対応について、なのか。相手が求めているのは、金銭的弁償なのか、精神的謝罪なのか。

もちろん、相手への先入観は禁物です。たとえクレーマーかもしれないという前歴のある方でも、今回は本当にこちらに落ち度があったのかもしれない。対応は、一回一回、違うのです。勝手な思い込みは危険です。

まず、相手が腹を立てていることに関して、よく話を聴き（ナイーブ・リスニング）その点で気分を害させてしまったことや事実としての被害について謝罪します。しかし、誤解や曲解がある場合、それをそのままにして金銭を払うことはお互いの今後の健全な関係のためによくありません。

もしも他のお客さまのために、一人の自己主張を許すわけにはいかない場合、会社のポリシーや社会生活の道理を貫くことが大切です。ここがぶれると、モンスターカスタマーが出現します。総会屋のような存在に対して、毅然とした態度で臨んでいるかどうか。こうしたことも、社員やお客さまは見ているのです。

【著者紹介】
いなます　みかこ

◉——HRインスティテュート副社長、エクゼクティブコンサルタント。ビジネスブレイクスルー大学大学院経営学教授、「企業研究」担当。
◉——学習院大学文学部心理学科卒業後、富士通にてSEとして勤務。JAIMS（日米経営研究所）に社内留学。退社後、サンダーバード大学院（米国）にて国際経営修士号取得。帰国後、1993年HRインスティテュート設立に参画。
◉——コンサルティングと並行して、実践体感型ノウハウドゥハウ研修を企画開発し、現在はソーシャル事業の立ち上げにも力を入れている。HRインスティテュートのビジネス書の主要執筆メンバー。
◉——18年間にわたる、①コンサルタントとして利害の異なるメンバー同士をつなぐ、②WEB上の大学院教授として見えない学生たちにわかりやすく伝える、③英語のコミュニケーション（翻訳・通訳・対話）で異文化をつなぐ、④ボランティアとして住む世界の違う集団や人同士をつなぐという経験の中から、独自のコミュニケーションの習慣を身につけてきた。
◉——本書では研修・セミナー講師として、延べ7万人以上に対してコミュニケーション強化の支援をしてきた著者のノウハウを初めて公開。

【編集協力】
山口　雅之

伝《つた》えるための3つの習慣《しゅうかん》　〈検印廃止〉

2011年　3月14日　　第1刷発行

著　者——いなます　みかこ©
発行者——斉藤　龍男
発行所——株式会社かんき出版
東京都千代田区麴町4-1-4西脇ビル　〒102-0083
電話　営業部:03（3262）8011（代）総務部:03（3262）8015（代）
編集部:03（3262）8012（代）教育事業部:03（3262）8014（代）
FAX　03（3234）4421　　振替　00100-2-62304
http://www.kankidirect.com/

DTP——ムーブ
印刷所——凸版印刷株式会社

乱丁・落丁本は小社にてお取り替え致します。

ISBN978-4-7612-6739-1 C0034